»wertvolle Elemente« von Konvivialismus überwinden
neoliberalen Kapitalismus

HERAUSGEGEBEN VON

ULRICH BÖRNGEN

IGF STUTTGART

Mit einem Vorwort von Wolfgang Wagner Rottenburg/Neckar

»wertvolle Elemente«

von Konvivialismus

überwinden

neoliberalen Kapitalismus

Bibliografische Information der Deutschen Nationalbibliothek:
Die deutsche Nationalbibliothek verzeichnet diese Publikation in der Deutschen Nationalbiografie; detaillierte bibliografische Daten sind im Internet über
http://dnb.d-nb.de abrufbar.

© 2023 Ulrich Börngen
Privat-Dozent Dr. med. habil. Ulrich Börngen
E-Mail: ulboe.stgt@web.de

Satz, Umschlaggestaltung, Herstellung und Verlag: Books on Demand GmbH, Norderstedt
Printed in Germany
ISBN: 978-3-7578-9893-9

Inhalt

Vorwort von Pfarrer Wolfgang Wagner, Rottenburg a. Neckar 7

Einführung 13

Persönliche legitimierte Zusammenfassung 17

Übersicht der Unterstützer und persönliche Aussagen 27

Religionsverbindendes Friedensgebet 2022 69

Podium »Konvivialismus als Ausweg?« 93

Auch Andere sind auf dem Weg: 97

Weltethos 97

Sangsaeng – Zusammenleben 105

Ubuntu – afrikanische Menschlichkeit und Lebensphilosophie 109

Vernachlässigter Konziliarer Prozeß 113

»Wertvolle Elemente« in ökumenischer Vielgestaltigkeit der Weltreligionen 121

»Gruppenbezogene Menschenfeindlichkeit« 145

Zur Anregung und Weiterführung 2023 153

Vorwort von Pfarrer Wolfgang Wagner, Rottenburg a. Neckar

aus www.wolfgangwagnerblog.wordpress.com

Archiv für den Monat Februar 2021

Transformation in Bad Boll [mit Leonardo Boff]
In seinem Beitrag stellt Boff vor allem zwei Schriften heraus: Das neue Buch des Papstes »Wage zu träumen!« und eine Schrift des Ökumenischen Rates der Kirchen zu Transformationsprozessen. Beide vertiefen die auch von Boff vertretene ökologische Theologie.

Papst Franziskus verstärkt seine Grundbotschaft gegen den Kapitalismus und den Marktradikalismus, die er schon an den Beginn seines Pontifikats verkündet hatte: »Diese Wirtschaft tötet.« Vor kurzem hat er in seiner Sozialenzyklika »Fratelli tutti« eine Wirtschaftsordnung kritisiert, die Menschen für die Privilegien anderer opfert – und gegen die Gewaltformen angeschrieben, zu denen diese Art des Wirtschaftens führt. Er bezeichnet sie als Dritten Weltkrieg auf Raten; er führt dazu an: den Abbau der Gesundheitssysteme in vielen Ländern; die Aggressivität im Internet und den neuen Nationalismus, der mit dem universalen Gottesglauben nicht zu vereinbaren sei.

Es ist eine Art Regierungserklärung. Für ihn gibt es kein Zurück zur Normalität vor der Corona-Pandemie. Vielmehr appelliert er an eine Neuausrichtung der Gesellschaft und erklärt, warum wir diese sicherer und gerechter gestalten müssen.

Die Corona-Krise hat die großen gesellschaftlichen Probleme wie ein Brennglas verdeutlicht. Wirtschaftliche Ungleichheit, Existenzängste und Sorgen um die Gesundheit bestimmen das tägliche Denken. Es sind starke politische Forderungen. In seinem neuen Buch geht der Papst deutlich mit den herrschenden politischen Systemen ins Gericht und wirft den Industriestaaten vor, ihr Handeln zu sehr an Börseninteressen und zu wenig am einzelnen Menschen auszurichten. So gipfelt das Buch in seinem Schlusskapitel in der Forderung nach einem »universellen Grundeinkommen«. Es geht ihm um eine »bedingungslose Pauschalzahlung an alle Bürger, die über das Steuersystem verteilt werden könnte«. Franziskus fordert eine Rückbesinnung auf den Wert von Arbeit, die dem Menschen Würde verschafft und Wohlergehen. »Die Priorisierung des Zugangs zur Arbeit muss zu einem Kernziel der nationalen öffentlichen Politik werden.« In der Hinleitung zu diesem Gedanken kritisiert das Kirchenoberhaupt sowohl Gewerkschaften, die die Menschen »an den Rändern« nicht im Blick hätten, als auch Unternehmens-Chefs und Aktionäre. Zwar seien es die Arbeitnehmer, die Werte schafften, aber sie würden »als das entbehrlichste Element eines Unternehmens behandelt«. Einige Aktionäre, deren Interesse eng an Gewinnmaximierung ausgerichtet sei, hielten dagegen »die Zügel in der Hand«.

Nach diesem überraschenden Plädoyer für den gegenwärtigen Papst blickt Boff auch auf die Genfer Ökumene. Die Erklärung »Wirtschaft für Befreiung und Leben« ist in der Tat ziemlich untergegangen. Darin heißt es u.a.:

»Dieses auf Profitmaximierung begründete gegenwärtige Finanzsystem opfert ... weiterhin Leben. Aus diesem Grund und im Sinne des Erhalts allen Lebens fordern wir demokratische, partizipative und rechenschaftspflichtige internationale Finanzinstitutionen; eine Abkehr von Finanzstrukturen, die auf dem Prinzip von Zins und Wucher basieren, hin zu einer Ökonomie der Versorgung, Gegenseitigkeit und Solidarität; und die Entwicklung von Systemen für Reparationen und Wiedergutmachung. Konkret bedeutet dies, dass wir gemeinsam folgende Forderungen an internationale Finanzinstitutionen und Regierungen stellen:

1. Bereitstellung von Mitteln, um Länder von ihren historischen Schulden zu entlasten und zu befreien. Diese Situation wird durch die COVID-19-Pandemie noch dramatischer. Weiterhin Förderung unterschiedlicher, keine Schulden generierender Finanzierungsstrukturen auf der Grundlage von Gegenseitigkeit und Fairness.
2. Sicherstellen ausreichender Finanzmittel für Länder mit niedrigen und mittleren durchschnittlichen Einkommen als Voraussetzung für deren Regierungen, die COVID-19-Krise zu bewältigen und die Krisenfestigkeit und die Existenzgrundlagen der Menschen und Gemeinschaften zu

verbessern, aber auch als soziale und ökologische Reparationen für eine historische Schuld.

3. Durchführung von Steuerreformen als vorrangige Möglichkeit der Mobilisierung öffentlicher Ressourcen. Es müssen besondere Steuern für die Superreichen, die Private Equity- und Hedge-Fonds und auch für die multinationalen Konzerne, die E-Commerce- und die digitalen Unternehmen erhoben werden, die während der Krise profitiert haben, ergänzt durch Maßnahmen gegen Steuerhinterziehung und Steuervermeidung.

4. Erweiterung und Ausdehnung der Zuweisung von Sonderziehungsrechten (SZR) zugunsten der Länder des Globalen Südens zur Finanzierung der Bekämpfung der COVID-19-Pandemie und der wirtschaftlichen Erholung.

5. Einrichtung eines umfassenden, fairen, transparenten und schnellen internationalen Verfahrens zur Umstrukturierung von Schulden, um die Zahlungsunfähigkeit von Staaten zu vermeiden. Dieser Mechanismus muss in der Lage sein, Staatsschulden zu prüfen und verabscheuungswürdige und illegitime Schulden zu erlassen, die in betrügerischer Absicht oder durch despotische Regimes und ohne Zustimmung der Bevölkerung zustande gekommen sind, für die Wucherzinsen zu zahlen sind, deren Rückzahlung immense soziale und ökologische Belastungen nach sich zieht oder mit denen sozial- und umweltschädliche Projekte finanziert werden.

6. Ablehnung der Austeritätspolitik und stattdessen Einrichtung von Systemen der sozialen Grundsicherung als Schutz vor den sozioökonomischen Folgen gegenwärtiger und zukünftiger Krisen.

7. Neuaufstellung internationaler Finanzinstitutionen, die in Krisenzeiten Mittel ohne Strukturanpassungsauflagen zur Verfügung stellen, deren Maßnahmen nicht von wohlhabenden und eigennützigen Interessengruppen dominiert werden und deren Politik gerecht wäre und auf die sozialen und ökologischen Konsequenzen finanzpolitischer Maßnahmen auf verschiedenen Ebenen eingehen würde.

In Übereinstimmung mit diesen Forderungen weisen wir erneut auf die befreienden Elemente in unseren unterschiedlichen Glaubenstraditionen hin, die uns zu rechten Beziehungen auf der Basis von Gerechtigkeit, Verantwor-

tung, Mitgefühl und Solidarität aufrufen. Sie erinnern uns daran, dass die Ökonomie als Mittel, nicht als Zweck zu betrachten ist, dass Wohlergehen nicht durch das Ansammeln materieller Güter erreicht werden kann, und dass die Sorge um die Menschen und das Leben in jeder Form und nicht der Profit im Mittelpunkt jedes Wirtschaftssystems stehen muss. In gegenseitiger Solidarität setzen wir uns für die gemeinsame Vision einer Welt ein, in der alles Leben in Freiheit, Erfüllung und Frieden und befreit von ungerechter Verschuldung gedeihen kann.«
https://www.oikoumene.org/de/resources/documents/just-economics-for-liberation-and-life

Zwar findet Leonardo Boff sich selbst »etwas müde«, aber mit Hinweis auf diese Texte ist er doch kämpferisch wie eh und je. Es ist nun an uns, sie mit Leben zu füllen und nicht nur eine weitere »epd-Dokumentation« zu produzieren. Wenn sich die Evangelische Akademie daran beteiligt, wirkt sie tatsächlich im Geiste Christoph Blumhardts – wie Direktor Hübner in seinem Grußwort behauptete.

Hintergrund und Beweggründe

Als Mitglied der Initiative für eine neue internationale Finanz- und Wirtschaftsarchitektur (NIFEA) haben der Ökumenische Rat der Kirchen (ÖRK), die Weltgemeinschaft Reformierter Kirchen (WGRK), der Lutherische Weltbund (LWB) und der Rat für Weltmission (CWM) am 02., 12. und 16. Oktober eine interreligiöse Online-Konsultation zum Thema ›Just Finance und Reparationen‹ einberufen, um mit Menschen unterschiedlicher Glaubensperspektiven ins Gespräch zu kommen, voneinander zu lernen und die interreligiöse Zusammenarbeit im Bereich der Wirtschaftsgerechtigkeit zu vertiefen.

Alle unsere Glaubenstraditionen haben ihre Vorstellungen von einer gerechten und mitfühlenden Welt. Inspiriert von einer solchen Vision, haben unsere unterschiedlichen Glaubenstraditionen sich Gedanken über die menschliche Gier und das Wirtschaftsleben sowie über die Rolle der Finanzen und des Geldes in der Gesellschaft gemacht. Während Schulden in früheren Zeiten noch in ein Gefüge gegenseitiger gesellschaftlicher Verpflichtungen eingebettet waren, sind sie im Laufe der Zeit zu ungerechten, auf Zinsforderungen beruhenden Wuchersystemen geworden. Diese Situation ist durch die anhaltende Coronavirus-Pandemie und den Klimawandel weiter verschärft worden, so dass zu den Altlasten aus der Kolonialzeit eine weitere Bürde hinzukommt.

An der Online-Konsultation nahmen führende Personen buddhistischen, christlichen, hinduistischen, muslimischen, jüdischen und rastafarischen Glaubens sowie der Bahá'í-Glaubensgemeinschaft teil. …

Einführung

Meine Vision für eine »neue Kunst des Zusammenlebens« in der realen Transformation geht zurück auf die deutsche Übersetzung des Buches: **Adloff, Frank, Claus Leggewie: Das konvivialistische Manifest. transcript Bielefeld 2014.** Das Manifest ist eine Gemeinschaftsinitiative französischer, europäischer und weltweit sich verantwortlich fühlender Bürgerinnen und Bürger.

Ich selbst habe das Manifest 2017 als 3.634ster unterschrieben. Im Zusammenhang mit einer historischen Aufarbeitung von Familiengeschichte, in der mein Vater 1932 und noch 1933 den »Menschentum mißachtenden Kapitalismus« öffentlich kritisiert hat (Börngen BoD 2020, Seite 124 und 158), war mir die Thematik zeitlos so bedeutsam, daß ich eine rasch lesbare und eher leicht verbreitbare Kurzfassung in diesem Buch aufgenommen habe (Seite 306-308). Beide Autoren, Adloff und Leggewie, haben als Soziologen und Kulturwissenschaftler meine Kurzfassung und Initiative im nachherein 2020 intensiv unterstützt (»Ich finde Ihre Initiative … sehr richtig und wichtig«, »Ihre Zusammenfassung der Konvivialismus-Thesen erfaßt deren Ansatz und Absichten sehr gut«). Damit ist davon auszugehen, daß mein Beitrag als eine **legitimierte Zusammenfassung** anzusehen ist.

Im übrigen habe ich bei diesem Vorgehen ein Verfahren angewendet, was Hans Küng und Karl-Josef Kuschel 1993 bei der Verlesung einer Zusammenfassung der »Erklärung zum Weltethos« vor dem Parlament der Weltreligionen in gleicher Weise toleriert haben. Ein »Redaktionskomitee des ›Council‹ des Parlaments der Weltreligionen in Chicago [hat] erstellt … zu publizistischen Zwecken – eine knappe Zusammenfassung der Erklärung … [diese wurde] bei der feierlichen öffentlichen Abschlußversammlung am 4. September 1993 … [in] Chicago verlesen.« (Siehe Seite 97) Interessant, daß auch hier eine praktisch legitimierte Zusammenfassung der weltweiten Öffentlichkeit angeboten und offensichtlich akzeptiert wurde. Daß Küng und Kuschel dieselbe an den Beginn »Ihrer Erklärung zum Weltethos …« gestellt haben, weist auf die fundamentale Bedeutung der Aussagen auch für sie hin!

Dies unterstützt meine Bemühungen um Solidarisierung und eine weite Verbreitung. Dabei steht seit 2022 die gewünschte **Suche nach »wertvollen**

Elementen« von Vertreterinnen und Vertretern von Weltreligionen, Philosophien, Morallehren und Ideologien im Vordergrund, und von mir hinzugefügt, auch von Basisinitiativen und Einzelpersonen. Somit war naheliegend, diese Suche nach selbstvergewissernder, nachhaltiger und tiefgründiger Lebensweisheit insbesondere im Zusammenhang mit meinen jahrzehntelangen Bemühungen um interreligiös Dialog und Zusammenarbeit, www.igfstuttgart.de, umzusetzen. Speziell konnte die Suche nach wertvollen Elementen thematisch auch unserem Religionsverbindenden Friedensgebet aus Anlaß der 11. Vollversammlung des Ökumenischen Rates der Kirchen am 7.9.2022 in Karlsruhe zugeordnet werden. Primär steht alles letztlich auch in Zusammenhang mit einer Pressemitteilung Heidelberg vom 20.4.2020 »Die Zeichen der Zeit nicht verkennen!«

Mit einem allgemeinen Mail-Anschreiben wurden im Februar und im November 2022 rund 50 aufgeschlossene Personen angesprochen. Mit ihnen hatte»ich großartige Begegnungen vor vielen Jahren erfahren … insbesondere im Zusammenhang mit IGF Stuttgart, (früher WCRP) und dem Konziliaren Prozeß für Gerechtigkeit, Frieden und Bewahrung der Schöpfung sowie einem zum Teil jahrelangen Prozeß eines interreligiösen Dialogs und wertvoller Zusammenarbeit.« »Es wäre großartig und wegweisend, wenn auch Sie sich motivieren lassen, Wege zu suchen, sich in großer Weltverantwortung zu solidarisieren. Dies ist z.B. durch eine Übersendung Ihrer »wertvollen Elemente« aus Ihrem Lebensbereich an mich im Sinne meiner legitimierten Zusammenfassung möglich, maximal 2.500-3.000 Anschläge, was zwei Buchseiten entspricht. In der Kürze liegt die Würze!«

Die legitimierte Zusammenfassung kann neuerdings auch nachgelesen werden in www.igfstuttgart.de : **Einsatz für ein besseres Zusammenleben – Aufruf an Alle** … Seite 1.

Im Konvivialistischen Manifest, Bielefeld 2014, führt Frank Adloff in seiner Einleitung auf Seite 28 bemerkenswert aus:
»Das Manifest kann also insgesamt als Aufforderung verstanden werden, sich an der Suche nach »realen Utopien« (vgl. Wright 2012) zu beteiligen, die reformistisch und zugleich radikal dazu beitragen können, Utilitarismus und maßloses Wachstum zu überwinden. Auf den

letzten Seiten des Manifests wird ein konvivialistischer New Deal gefordert. Ein solcher **kann und darf jedoch nicht primär ein sozialplanerisches und expertokratisches Projekt sein. Alle sind aufgerufen, sich kreativ zu beteiligen, ihre Empörung einzubringen und diejenigen zu beschämen, die die Möglichkeit eines konvivialen Zusammenlebens aufs Spiel setzen.** Zugegeben: Das klingt sehr naiv, doch darin liegt – so hat es die italienische Philosophin Elena Pulcini pointiert – die besondere Radikalität und Stärke des konvivialistischen Projekts.«

Diese starken und gerade prophetischen Ausführungen dürften auch der Angelpunkt gewesen sein für die Verwirklichung dieses Buchprojektes. **Mich hat also vor allen Dingen die starke öffentliche Kritik am »Menschentum mißachtenden Kapitalismus« und die religions- und gemeinschafts-verbindende Solidarisierung phasziniert.** Gerade in unserer zunehmend spannungsgeladenen Zeit von anthropozänischer Weltbeherrschung durch neoliberalen Kapitalismus, Wachstumswahn, Gigantopathie, Elektromanie als totales Wachstumsversagen, Fehlglobalisierung in Form modernem Kolonialismus, Aufrüstungsaggressivität, Krieg und Friedlosigkeit, Verdrängung nuklearer Supergefahren, Rekordverschuldung Rücksichtslosigkeit und Trägheit in einer unvorstellbar ausufernden Wegwerf-, Spaß- und Aggressionsgesellschaft.

Interessant ist es, daß eine 2. konvivialistische Fassung verschiedentlich »abgespeckt« erscheint. Immerhin wird in einer »Kurzfassung« deutlich auf »Weisheiten … der Jahrhunderte« und ausführlich auf »unzählige Initiativen« verwiesen, »die Alternativen zu der vorliegenden Weltverfassung entwerfen«. Darüber hinaus regen vier Grundprinzipien auf dem Gebiet von Moral, Politik, Ökologie und Wirtschaft zum Handeln an.

In den nachfolgenden Ausführungen habe ich in der Regel mir und allgemein besonders Wichtiges, jedenfalls nach meinen Vorstellungen, **fett unterlegt.**

Persönliche legitimierte Zusammenfassung

des Buches **Adloff, Frank, Claus Leggewie: Das konvivialistische Manifest**
Für eine neue Kunst des Zusammenlebens. transcript Bielefeld **2014**, S. 39-77.
<u>Aus</u>: Börngen, Ulrich: Christlich-Sozial gegen braune Überflutung und für den Menschen 1929-1933. In Erinnerung an meinen Vater, Dr. med. Horst Börngen, Halle/Saale. BoD 2020, Seite 306-308:

»**Alle … wertvollen Elemente [der Jahrhunderte] sollten so schnell wie möglich zusammengetragen und in einer Weise erklärt werden … [um], ihre Kräfte und Energien zu bündeln und ihre Gemeinsamkeiten hervorzuheben.**«
»Gemeinsam ist ihnen die Suche nach einem *Konvivialis***mus … ** einer Kunst des Zusammenlebens *(con-vivere),* die die Beziehung und die Zusammenarbeit würdigt und es **ermöglicht, einander zu widersprechen, ohne einander niederzumetzeln, und gleichzeitig für einander und für die Natur Sorge zu tragen.**« »Angestrebt … [wird] eine dauerhafte, sowohl ethische, ökonomische, ökologische wie politische Grundlage des gemeinsamen Lebens … Gesucht wird sie unter Berufung auf das **Heilige,** sowohl in den ursprünglichen Religionen als auch in den großen Weltreligionen oder den Quasi-Religionen: Taoismus, Hinduismus, Buddhismus, Konfuzianismus, Judentum, Christentum, Islam. Gesucht wird sie auch unter Berufung auf die **Vernunft** in allen großen Philosophien oder in den weltlichen und humanistischen Morallehren. Und gesucht wird sie schließlich unter Berufung auf die **Freiheit** in den großen politischen Ideologien der Moderne: Liberalismus, Sozialismus, Kommunismus oder Anarchismus.«
»Das wachsende **Unvermögen der Parteien** und der politischen Institutionen, sich den Problemen unserer Zeit zu stellen … , erklärt sich aus der Unfähigkeit, das demokratische Ideal neu zu definieren«. »Seit Anfang der 1980er Jahre setzt sich … im Bereich der Wissenschaft und Philosophie eine rein ökonomische Sicht der gesellschaftlichen und sogar der natürlichen Welt durch. Seitdem ist … der Zerstörung aller sozialen und politischen

Regulierungen zugunsten der alleinigen kommerziellen Regulierungen Tür und Tor geöffnet ... Nach und nach sehen sich auch alle Bereiche des Daseins bis hin zu den Affekten und den Freundschafts- oder Liebesbeziehungen einer buchhalterischen, technischen und betriebswirtschaftlichen Logik unterworfen ... **Wenn das einzige legitime und gesellschaftlich anerkannte Ziel der Menschen, dasjenige, das alle anderen beherrscht, darin besteht, sich so viel wie möglich zu bereichern, darf man sich nicht wundern, dass überall in der Welt durch zunehmende Absprachen der politischen und Finanzklassen ein Klima immer größerer Korruption entsteht.«**

»Es geht darum, einen **neuen, radikalisierten und erweiterten Humanismus** zu erfinden, und das bedeutet die Entwicklung neuer Formen der Menschlichkeit.« So ist »Konvivialismus ... die Bewegung ihrer gegenseitigen Befragung, die auf dem Gefühl der extremen Dringlichkeit angesichts der möglichen Katastrophe beruht. Er will **das Wertvollste jeder der überkommenen Lehren bewahren.** Was ist das Wertvollste? ... Auf diese Frage kann – und darf – es keine eindeutige Antwort geben.« »Die einzige legitime Politik ist diejenige, die sich auf das Prinzip einer gemeinsamen Menschheit, einer gemeinsamen Sozialität, der Individuation und der Konfliktbeherrschung beruft.«

Interessanterweise wird, vor den UN-Menschenrechten, auf die Erklärung von Philadelphia verwiesen, »in der 1944 die Ziele der Internationalen Arbeitsorganisation (ILO) neu definiert wurden und die im Artikel II bestimmte: »Alle Menschen, ungeachtet ihrer Rasse, ihres Glaubens und ihres Geschlechts, haben das Recht, materiellen Wohlstand und geistige Entwicklung in Freiheit und Würde, in wirtschaftlicher Sicherheit und unter gleich günstigen Bedingungen zu erstreben. **Eine richtige Politik ist eine Politik der Würde.«**

»Absolute Priorität hat die Senkung des CO_2-Ausstoßes und die Nutzung der erneuerbaren Energien anstelle der Kernkraft und der fossilen Energien ... Vorrangig ist der Kampf gegen die spekulativen Auswüchse der Finanzwirtschaft, die Hauptursache der kapitalistischen Maßlosigkeit. Daraus folgt, dass die Abkoppelung der Realwirtschaft von der Finanzwirtschaft verhindert werden muss, indem man die **Banktätigkeit und die Finanz- wie die Rohstoffmärkte streng reguliert,** die **Größe der Banken begrenzt und den Steuerparadiesen ein Ende setzt.«**

**»Das Gebot der Gerechtigkeit und der gemeinsamen Sozialität ...
bedeutet, die schwindelerregenden Ungleichheiten zu beseitigen,** die
zwischen den Reichsten und dem Rest der Bevölkerung seit den 1970er
Jahren explosionsartig zugenommen haben, und gleichzeitig ... ein **Mindesteinkommen sowie ein Höchsteinkommen** einzuführen.«

Es fällt auf und ist auch fast nicht verwunderlich, daß diese Konvivialismus-
Initiative im deutschen Raum keine besondere mediale oder öffentliche Resonanz gefunden hat. Sie dürfte auch im kirchlichen Bereich nie wirksam
aufgegriffen worden sein. Dies trifft übrigens im Prinzip auch auf Theo Sun-
dermann zu, der als Sozialethiker, Dogmatiker und ökumenischer Theologe,
ehemals Heidelberg, den analogen Begriff Konvivenz 1986 (Ökumenische
Existenz heute, Band 1 München) zum Verhalten des Christentums zu den
außerchristlichen Religionen eingeführt hat.

Immerhin liegt ein beachtenswerter Beitrag von Jürgen Manemann, fiph
Hannover, vor, »Konvivialismus weiterdenken Das konvivialistische Mani-
fest – eine Kritik, veröffentlicht am 8. 10. 2014 von AMH«.
Auf diese kritische Äußerung habe ich mit nachfolgender **Replik** antworten müssen:
Die für mich wertvollste und bedeutsamste Aussage ist: »Alles, was im
Manifest steht, kann auch ich unterschreiben.« Großartig, immerhin von
einem ordinierten Direktor eines angesehenen Forschungsinstituts für Philosophie! Bleibt die Frage, ob diese Möglichkeit auch wirklich erfolgt ist?!
Ich hoffe auf Verständnis, daß unter 4.367 Unterschriften zwischen 2013
und 2019 erspart bleibt, dies herauszufinden.
Als erfreulich und motivierend kann festgehalten werden, daß eine Reihe
von wichtigen Aussagen zum Gemeinwohl im »Konvivialistischen Manifest«, von F. Adloff und C. Leggewie 2014 veröffentlicht, dokumentiert
wurden. Was fehlt? Ich lege zugrunde eine persönliche, legitimierte Zusammenfassung (Börngen 2020).
Es fehlen folgende eindeutige und überzeugende Aussagen:

1. »Alle wertvollen Elemente [der Jahrhunderte] sollten so schnell wie möglich zusammengetragen werden ... [um] ihre Kräfte und Energien zu bün-

deln, als ›Grundlage des gemeinsamen Lebens‹. Konkret wird ›gesucht …
unter Berufung auf das Heilige, sowohl in den ursprünglichen Religionen
als auch in den großen Weltreligionen oder den Quasi-Religionen: Taoismus, Hinduismus, Buddhismus, Konfuzianismus, Judentum, Christentum,
Islam … unter Berufung auf die Vernunft in allen großen Philosophien oder
in den weltlichen und humanistischen Morallehren … unter Berufung auf
die Freiheit in den großen politischen Ideologien der Moderne: – Liberalismus, Sozialismus, Kommunismus oder Anarchismus.«

- die Ideologien werden verfremdet in anderem Zusammenhang erwähnt!
- also kein Bezug auf ein Pauluswort:»Prüfet aber alles, und das Gute
  behaltet.« 1. Thess 5,21 – z.B. als ein wichtiger biblischer Bezug, den ich
  sonst unverständlicherweise völlig vermisse.
- also keine überzeugende Zusammenarbeit auch der Religionen im Sinne
  einer heute zunehmend Bedeutung gewinnenden »Ökumene der Weltreligionen« und historisch bedeutender Philosophien und Ideologien, und
  ich würde hinzufügen, auch mit Basisinitiativen und Einzelpersonen.
- Übrigens haben wir 2007/2008 zur analogen Konvivenz (Theo Sunder-
  mann 1986 und 2000) in einer Ökumene der Weltreligionen neben der
  propagierten Hilfs-, Lern- und Festgemeinschaft als 4. These eine spirituelle Gemeinschaft hinzugefügt.

2. Massive und deutlich ausgesprochene Kritik am heutigen realen Kapitalismus.
**»Seit Anfang der 1980er Jahre setzt sich … [auch] im Bereich der
Wissenschaft … eine rein ökonomische Sicht der gesellschaftlichen
und sogar der natürlichen Welt durch … der Zerstörung aller sozialen und politischen Regulierungen zugunsten der alleinigen kommerziellen Regulierungen Tür und Tor geöffnet«, z.B. seit über 30
Jahren im deutschen Gesundheitswesen zum Schaden der Menschen
erfahrbar.**

»Vorrangig ist der Kampf gegen die spekulativen Auswüchse der Finanzwirtschaft, die Hauptursache der kapitalistischen Maßlosigkeit indem man
die Banktätigkeit und die Finanz- wie die Rohstoffmärkte streng reguliert,
die Größe der Banken begrenzt und den Steuerparadiesen ein Ende setzt.«

3. »Das wachsende Unvermögen der Parteien und der politischen Institutionen, sich den Problemen unserer Zeit zu stellen … erklärt sich aus der Unfähigkeit, das demokratische Ideal neu zu definieren«. Dies ist keinesfalls nur eine Erfahrung unserer Jahrzehnte (L. Späth 1985; C.-F. von Weizsäcker, 1990).

4. »Absolute Priorität hat die Senkung des CO_2-Ausstoßes und die Nutzung der erneuerbaren Energien anstelle der Kernkraft und der fossilen Energien«. Es fehlt ausgerechnet diese elementare und absolut berechtigte Forderung der Jugend und z.B. einer nobelpreisfähigen IPPNW. Das wäre eine wirklich überzeugende »Begleitung« im »Dienst der Jugend« und einer seit den 80er Jahren bedeutsamen NGO.

5. »Das Gebot der Gerechtigkeit und der gemeinsamen Sozialität … bedeutet, die schwindelerregenden Ungleichheiten zu beseitigen, die zwischen den Reichsten und dem Rest der Bevölkerung seit den 1970er Jahren explosionsartig zugenommen haben«.
Daß wir als ältere Generation »versagt haben« ist seit dem Club of Rome 1968 [1972] weltweit unzweifelhaft bekannt und auch der »Mut der Älteren« mit diversen »Selbstverpflichtungen« (Seoul 1999; Colloquium 2000 Hofgeismar; politische Koalitionsvertrags-Finte Büchel/Ramstein) ist derartig strapaziert und unerfüllt geblieben, daß solche Argumentationen heute absolut untauglich und banal anzusehen sind. Es scheint heute fast unumgänglich zu sein, was J. Habermas 2009 nach einem Vortrag von C. West gesagt haben soll, daß »jeglicher akademische Diskurs albern ist und man sofort auf die Straße gehen sollte«. Großartig und zunehmend weltbewegend, wie dies uns Fridays for Future seit Jahren vormacht UND von uns auch begleitet wird. Auf jeden Fall haben die konvivialistischen Visionen von 2013 unverändert auch in unserer Zeit eher zunehmende Priorität im Sinne einer notwendigen Selbstvergewisserung und unserer Weltverantwortung.
Insgesamt ist die erschreckend geringe Resonanz im deutschsprachigen Raum bedauerlich. Insofern erscheint auch dieser Beitrag wenig wegweisend und förderlich gewesen zu sein!
Es ist an der Zeit, den großen **reformierten Theologen Leonhard Ragaz** aus der Schweiz zu zitieren: Von Recht und Unrecht des Kapitalismus. Neue Wege: Beiträge zu Religion und Sozialismus. **1906-1907**, Band 1 Heft 6, S.

129. »Der Kapitalismus hat eine Unruhe in die Welt gebracht, die nur mit der Geburt einer neuen Kultur endigen kann.«

Leider sind verschiedene Versuche, mit französisch-sprachlichen Verantwortlichen von »Convivialisme« weiterführenden Kontakt aufzunehmen, nicht gelungen. In meinem letzten Versuch am 27.9.2021 konnte ich folgendes Schreiben verfassen:

»les convivialistes«

»Zusammenfassung der Konvivialismus-Thesen«

Sehr geehrte und liebe Mitstreiterinnen und Mitstreiter für Konvivialismus, ...

Vor Jahren habe ich das Konvivialistische Manifest unterschrieben. 2020 habe ich die Unterstützung konkret in meinem Buch: Börngen, Ulrich: Christlich-Sozial gegen braune Überflutung und für den Menschen 1929-1933. BoD 2020, Seite 306-308, aufgenommen. Es handelt sich um die nachfolgende persönliche Zusammenfassung vom Buch Adloff, Frank, Claus Leggewie: Das konvivialistische Manifest. Für eine neue Kunst des Zusammenlebens. transcript Bielefeld 2014. Beide Autoren (»sehr richtig und wichtig«, »Ihre Zusammenfassung der Konvivialismus-Thesen erfasst deren Ansatz und Absichten sehr gut«) haben meine Zusammenfassung und Initiative intensiv unterstützt.

Vor allem liegt auch mir »eine **Vernetzung vieler zivilgesellschaftlicher Organisationen**« sehr am Herzen.

HIER wurde der Originaltext »Persönliche legitimierte Zusammenfassung« beigefügt.

Sehr geehrte und liebe Mitstreiterinnen und Mitstreiter, ich freue mich und bin dankbar, daß eine liebe Tochter eines meiner besten Freunde [Annette Maurier, Metz] mein Anliegen in die französische Sprache übersetzen will. Mein großer Wunsch wäre, wenn auch die verantwortliche Führung von »les convivialistes« den Inhalt meiner Zusammenfassung wirkmächtig und überzeugend begrüßen, legitimieren und unterstützen könnte. Mit diesem überschaubareren Text würde ich mich gerne zivilgesellschaftlich für eine breite Information und Anregung mit dem Ziel einer großen Solidarisierung und Vernetzung einsetzen.

Ich erbitte eine entsprechende kurze Antwort an mich.

Mit besten solidarischen und convivialistischen Grüßen, großen Dank und allen guten Wünschen Ulrich Börngen

Hier soll das Gesamtschreiben in französischer Sprache wiedergegeben werden:

«Les convivialistes»

«Résumé des thèses de convivialisme»

Chers collègues militants du convivialisme,

Merci pour votre lettre du 20 janvier 2019.

Il y a des années, j'ai signé le Manifeste Convivialiste. En 2020 je l'ai soutenu concrètement dans mon livre: Börngen, Ulrich : Christlich-Sozial gegen braune Überflutung und für den Menschen 1929-1933.(Chrétien-social contre le débordement brun et pour l'homme) BoD 2020, pages 306-308. Il s'agit de mon résumé personnel du livre Adloff, Frank, Claus Leggewie : Das konvivialistische Manifest. Für eine neue Kunst des Zusammenlebens. (Le manifeste convivialiste. Pour un nouvel art de vivre ensemble.) transcription Bielefeld 2014. Les deux auteurs («très correct et important», «Votre résumé des thèses de convivialisme saisit très bien leur approche et leurs intentions») ont soutenu intensément mon résumé et mon initiative.

Par-dessus tout, j'ai à cœur «la mise en réseau de nombreuses organisations de la société civile».

«Tous les éléments précieux [des siècles] devraient être réunis le plus rapidement possible et expliqués de telle manière afin de regrouper leurs forces et leurs énergies et de mettre en évidence leurs similitudes.» «Ce qu'ils ont en commun, c'est la recherche d'un convivialisme… un art de vivre ensemble (con-vivere) qui honore les relations et la coopération et permet de se contredire sans se battre, tout en prenant soin de l'un et

de l'autre ainsi que de la nature. «» Le but est une base durable, éthique, économique, écologique et politique de la vie en commun. Elle est recherchée en référence au sacré, aussi bien dans les religions originelles que dans les grandes religions du monde ou les quasi-religions : taoïsme, hindouisme, bouddhisme, confucianisme, judaïsme, christianisme, islam. Elle est aussi recherchée en référence à la raison dans toutes les grandes philosophies ou dans les enseignements moraux séculiers et humanistes. Et enfin elle est recherchée en référence à la liberté dans les grandes idéologies politiques de l'époque moderne : libéralisme, socialisme, communisme ou anarchisme. » «L'incapacité croissante des partis et des institutions politiques à faire face aux problèmes de notre temps s'explique par l'incapacité à redéfinir l'idéal démocratique». « Depuis le début des années 1980... une vision purement économique du monde social et même de la nature s'est imposée en science et en philosophie. Depuis lors, la porte et le portail ont été ouverts à la destruction de toutes les réglementations sociales et politiques au profit de seules réglementations commerciales... Progressivement, toutes les sphères de notre vie jusqu'aux affects amicaux et amoureux sont soumis à des logiques techniques et commerciales.

Si le seul but qui domine le monde légitime et socialement reconnu des individus est de s'enrichir le plus possible, il ne faut pas s'étonner que partout dans le monde à travers des accords croissants des classes politiques et financières, un climat de corruption toujours plus grande se dessine.

«Il s'agit d'inventer un nouvel humanisme radicalisé et élargi, et cela passe par le développement de nouvelles formes d'humanité». Ainsi, le convivialisme est le mouvement d'une interrogation mutuelle qui repose sur le sentiment d'une extrême urgence face à une catastrophe possible. Il veut garder le plus précieux de chacun des enseignements traditionnels. Quel est le plus précieux ? ... Il ne peut pas et il ne doit pas y avoir une seule réponse claire. La seule politique légitime est celle qui s'appuie sur le principe d'une humanité collective, de la vie sociale commune, de l'individuation et de la maîtrise des conflits.

Il est intéressant de noter qu'avant les droits de l'homme de l'ONU, il est fait référence à la Déclaration de Philadelphie « dans laquelle les objectifs de l'Organisation Internationale du Travail (OIT) ont été redéfinis en 1944 et qui, à l'article II, déterminait : « Toute personne, indépendamment de sa race, de ses croyances et son sexe, a le droit d'accéder à la prospérité matérielle et au développement intellectuel dans la liberté et la dignité, dans la sécurité économique et dans des conditions favorables à tous. «Une politique juste est une politique de dignité.»

« La réduction des émissions de CO_2 et le recours aux énergies renouvelables à la place du nucléaire et des énergies fossiles ont la priorité absolue... La lutte contre les dérives spéculatives du secteur financier, principale cause des dérives capitalistes, est primordiale. Il s›ensuit qu›il faut empêcher le découplage de l›économie réelle de l›économie financière en réglementant strictement les activités bancaires et les marchés financiers et des matières premières, en limitant la taille des banques et en mettant fin aux paradis fiscaux. »

«L'impératif de justice et de socialité commune est d'éliminer les inégalités vertigineuses qui ont explosé entre les plus riches et le reste de la population depuis les années 1970, et d'introduire en même temps un revenu minimum et un revenu maximum.»

Chères et chers collègues militants, je suis heureux et reconnaissant qu'une chère fille d'un de mes meilleurs amis veuille traduire mes réflexions en français. Mon grand souhait serait que la direction responsable des « convivialistes » puisse accueillir, légitimer et soutenir le contenu de mon résumé de manière puissante et convaincante. Avec ce texte plus maniable, je souhaiterais m'impliquer volontiers dans la société civile pour de larges informations et de suggestions dans le but d'une grande solidarité et de mise en réseau.

Je demande une brève réponse circonstanciée de votre part.

Avec les meilleures salutations solidaires et convivialistes, mille mercis et tous mes vœux Ulrich Börngen

Eine Antwort hat mich bis heute nicht erreicht.

Von rund 50 angeschriebenen Personen und Institutionen kamen 32 unterstützende Antworten als **Beitrag zu »wertvollen Elementen«**. Nachfolgend wurden sie alphabetisch wiedergegeben:

Übersicht der Unterstützer und persönliche Aussagen

Dr. Franz Alt, Baden-Baden   29

Roswitha Balogun, Leimen – **Bahá'itum**   85

Peter Berres, Horstmar/Münster   30

PD. Dr. med. Ulrich Börngen, Stuttgart   32

Schuldekan i.R., Pfarrer Christian Buchholz, Dürnau   34

Prof. Dr. theol. Meehyun Chung, Seoul, Südkorea   36

Quäkerfreund Julian Clarke, Stuttgart   37

Bischof Anba Damian, Höxter-Brenkhausen – **Koptisch-Orthodoxie** 79

Ali und Cäcilia Demir, Stuttgart – **Islam**   83

Dr. h.c. Dr. h.c. Heino Falcke, Probst a.D., Erfurt   39

Fridays for Future Stuttgart   41

Pfarrer i.R. Friedrich Gehring, Backnang   42

Kelsang Gogden, Karlsruhe – **Buddhismus**   76

Kinga von Gyökössy-Rudersdorf, Weinstadt/Ungarn   44

Susanne Jakubowski, Stuttgart – **Judentum**   77

RA Dr. Udo Kauß, Freiburg 46

Karin Klingbeil, Stuttgart 48

Dr. Yuval Lapide, z.Zt. Jerusalem – **Judentum** 91

Christine Müller, Leipzig, Ev.-Lutherische Landeskirche Sachsens 81

Hatab Omar, Hannover – **Ezidentum** 86

Pfarrer i.R. Martin Poguntke, Stuttgart 49

Hindu Yoganathan Putra, Stuttgart/ Sri Lanka – **Hinduismus** 74

Clemens Ronnefeldt, Freising, Friedensbeauftragter im
Internationalen Versöhnungsbund deutschen Zweig 54

Paul Russmann, Stuttgart, Ohne Rüstung Leben 56

Lic. theol. Peter Schönhöffer, Ingelheim 80

Prof. Dr. theol. Franz Segbers, Konstanz 58

Hartmut Steeb, Stuttgart, Lebendige Gemeinde 58

Pfarrer Wolfgang Wagner, Rottenburg am Neckar 7

Pfarrer Alfred Wohlfeil, Christengemeinschaft Stuttgart 62

Prof. Dr. theol. Werner Zager, Worms 64

Henning Zierock, † 2022, Gesellschaft Kultur des Friedens Tübingen 66

An dieser Stelle sei allen Beteiligten, die sich großherzig und ehrenamtlich mit einem Beitrag beteiligt haben, ganz großen Dank gesagt. Ich bedanke mich auch bei vielen, die mir schriftlich ihre Zustimmung zu »Konvivialismus« und ihre Solidarisierung mitgeteilt haben, z.B. eine 99jährige Stuttgarter IPPNW-Seniorin, die noch am Tage ihres Angeschriebensein sofort geantwortet hat: »guter Text«. Zu denken ist auch an die, die aus verschiedensten Gründen, z.B. Alter, Zeitprobleme, auch Ablehnung, sich nicht beteiligten konnten.

Dr. Franz Alt, Sonnige Grüße aus Baden-Baden, März 2022
https://www.sonnenseite.com/de/franz-alt/kommentare-intzerviews/…

Michail Gorbatschow: »Nie wieder Krieg«
Am 2. März wurde der große russische Friedensfreund Michail Gorbatschow 91 Jahre alt. Es war der siebte Tag des Putin-Krieges in der Ukraine.

Gorbatschow ist Sohn eines russischen Vaters und einer ukrainischen Mutter. Auch seine Frau Raissa war Ukrainerin. Er nannte sie oft liebevoll »Meine Ukrainerin«. Solche Familienbande zwischen Russen und Ukrainern sind zahlreich in beiden Nachbarländern. Auch das macht den aktuellen Krieg unbegreiflich und absolut sinnlos, wie jeden Krieg.

2016 schrieb ich zusammen mit Michail Gorbatschow das Buch »Nie wieder Krieg – Kommt endlich zur Vernunft«. Damals haben wir beide uns nicht vorstellen können, wie dramatisch aktuell dieser Buchtitel fünf Jahre später sein wird. Nie wieder Krieg?

Gorbatschow damals: »**Wir sind eine Menschheit auf einer Erde unter einer Sonne**«.

Wirklicher Frieden könne »nur erreicht werden unter der Bedingung einer demilitarisierten Politik und demilitarisierter internationaler Beziehungen. Politiker, die meinen, Probleme und Streitigkeiten könnten durch Anwendung militärischer Gewalt gelöst werden – sei es auch als letztes Mittel – sollten von der Gesellschaft abgelehnt werden, sie sollten die politische Bühne räumen«. Kein Wunder, dass Gorbatschow und Putin nie Freunde werden konnten.

Erst vor wenigen Wochen schickte mir Gorbatschow einen Artikel für die Zeitung »Russia Global Affairs«, in dem er schreibt: »Keine Herausforderung oder Bedrohung, der die Menschheit im 21. Jahrhundert gegenübersteht, kann militärisch gelöst werden. Kein großes Problem kann von einem Land oder einer Gruppe von Ländern im Alleingang gelöst werden.«

Als die dringendsten Probleme unserer Zeit nennt er in diesem Artikel, einer Art Vermächtnis:

**Die Abschaffung der Atomwaffen
und die Überwindung der Massenarmut in den Entwicklungsländern
sowie die Rettung des Weltklimas.**

Als ich Gorbatschow 2018 in Moskau einen Friedenspreis überreichen durfte, nannte er als **die drei Hauptaufgaben unserer Zeit: »Abrüsten, abrüsten, abrüsten«. Er meinte Russland und die NATO.** »Nur dann wird Frieden möglich«. …

Roswitha Balogun (Seite 85)

Peter Berres Horstmar/Münster **Human-ökologischer Sozialist Weltverbessernde Überlegungen**, im Jahre 2014 im Zusammenhang mit einer (wieder) ambivalenten Ökumenischen Versammlung in Mainz.

Wir brauchen ein Minimalkonsens-Kondensat. In ihm müssen sich alle gesellschaftlichen Gruppen wiederfinden, die die Mindestbedingungen für ein Überleben der Menschheit unterstützen.

Das sind **Humanität, Erde-Bewahrung, Solidarität und Frieden.**

Die Forderung nach Menschenwürde für alle und die Wahrung und Verwirklichung der Menschenrechte eines jeden einzelnen sind nur die Hilfsmittel dieser Ziele, zugleich aber auch ihr konkreter Gehalt.

Wir müssen glaubhaft darstellen, dass wir unsere Schwestern und Brüder nicht wegen ihrer religiösen Überzeugungen oder deren (scheinbarer) Abwesenheit verschieden einschätzen, behandeln. Wenn wir unsere Ziele erreichen wollen, **brauchen wir ALLE Menschen guten Willens**; und es kommt nicht darauf an, woher andere ihre Gründe haben – ideologisch / theologisch / dialektisch / nihilistisch / existentialistisch -, sondern darauf, dass sie in die gleiche Richtung schauen – und sich auch dorthin bewegen. Ein Ziel meiner Arbeit soll sein die Verbreitung der Überzeugung, dass humanistische Marxisten, meinetwegen auch Sozialisten, ebenso an einem Reich Gottes arbeiten wie die Religiösen; nur dass sie dies in erstaunlicher Übereinstimmung mit der Befreiungstheologie im Diesseits verorten.

Die Kirche als Agora wird wieder voll, wenn dort endlich die Probleme der Menschheit erörtert werden und alle was zu sagen haben und es auch dürfen und dabei auch angeleitet werden. Dieser Gedanke fällt den Klerikalen besonders schwer, aber sie müssen von der Kanzel und sich nur noch als Moderatoren einer Lebens-Debatte verhalten, nicht mehr als Vermittler eines jenseitigen Schöpfer-Gottes. ...

Anarchismus ist jedenfalls nicht Strommasten sprengen oder Mollies schmeißen. Es ist Ordnung ohne Herrschaft. Und Syndikalismus ist nichts weiter als die demokratische Form, keine Herrschaft auszuüben, sondern gemeinschaftliches Entscheiden.

Meine Seele ist auch antikapitalistisch. Die Profitwirtschaft hat ihre Nützlichkeit jedenfalls überlebt, auch schon bei Beginn der Erd-Aneignung durch die protestantische Ethik.

Die Summe meiner »Seelen« ist humaner ökologischer Sozialismus. Ich sympathisiere mit allen, die den »Sozialismus« der DDR abschaffen, aber keinen Kapitalismus der BRD anschaffen, sondern dem Kategorischen Imperativ von Karl Marx folgen wollten.

Die Menschheit in ihrer Gesamtheit muss den Umgang mit der Erde und ihren lebensnotwendigen Hervorbringungen den Umgang miteinander beim gemeinsamen Erarbeiten der Lebensgrundlagen die existierenden Herrschaftsverhältnisse in jeder Beziehung REVOLUTIONIEREN. Sie hat sonst keine Überlebenschance.

Religionen sind ein Bestandteil der gesamten menschlichen Gesellschaft. Ohne die, welche ihre Motivationen aus ihrem Gottglauben beziehen, kann eine radikale Veränderung der Menschheit im Umgang mit ihrer Mutter Erde nicht gelingen. Es ist also **unverzichtbar, dass die Religiösen ebenso in den Revolutionierungsprozess einbezogen werden wie die Agnosti-**

ker, die Atheisten, die Deisten, die Theisten, die Buddhisten, die Hindus, und alle sonstigen Welterklärer.

Nebenbei ist das auch ein demokratischer Gedanke: Wir Menschheitsretter versus die Erdausbeuter im Interesse ihrer Kontostände brauchen eine Mehrheit für die Revolutionen! Ohne die Religiösen geht das nicht! Die Motive dafür, die Erde retten zu wollen, das Überleben der Menschheit zu sichern, mag aus individuell religiösen Motiven kommen, aber beim Realisieren dieser Absichten kommt es nicht auf die Kirchenrettung, die Ideologiestärkung oder sonst was Spezifisches der jeweiligen religiösen Gemeinschaft an, nur auf die Menschheit insgesamt. (November 2022)

PD. Dr. med. Ulrich Börngen – Eine protestantische Antwort

1. Ein alttestamentlicher Text, Micha 6.8, nach Martin Luther:
»Es ist dir gesagt, Mensch, was gut ist und was Gott von dir fordert, nämlich Gottes Wort halten und Liebe üben und demütig sein vor deinem Gott.« Hochinteressant und ganz anders verdeutschen **Martin Buber und Franz Rosenzweig** diese bedeutsame Passage: » – angesagt hat mans dir, Mensch, was gut ist, und was fordert Er von dir sonst **als Gerechtigkeit üben** und in Holdschaft lieben und bescheiden gehen mit deinem Gott!« (Börngen 2020, Seite 244)

2. Darum sollt ihr also beten: **Unser Vater** in dem Himmel! Dein Name werde geheiligt. Dein Reich komme. Dein Wille geschehe auf Erden wie im Himmel. Unser täglich Brot gib uns heute. Und vergib uns unsere Schuld, wie wir unseren Schuldigern vergeben. Und führe uns nicht Versuchung, sondern erlöse uns von dem Übel. Denn dein ist das Reich und die Kraft und die Herrlichkeit in Ewigkeit. Amen. Matth 6,9-13.

3. Bergpredigt als Vision, Weg und Lebensordnung in Nachfolge zum Reich Gottes, Matth 5,3-10: Selig sind, die da geistlich arm sind, denn das Himmelreich ist ihr. Selig sind, die da Leid tragen, denn sie sollen getröstet werden. Selig sind die Sanftmütigen, denn sie werden das Erdreich besitzen.

Selig sind, die da hungert und dürstet nach Gerechtigkeit, denn sie sollen satt werden. Selig sind die Barmherzigen, denn sie werden Barmherzigkeit erlangen. Selig sind die, die reinen Herzens sind, denn sie werden Gott schauen. Selig sind die Friedfertigen, denn sie werden Gottes Kinder heißen. Selig sind, die um Gerechtigkeit verfolgt werden, denn das Himmelreich ist ihr.

4. Daß ihr prüfen möget, was das Beste ist Phil 1,10. **Prüfet aber alles, und das Gute behaltet** 1.Thess 5,21. **Suchet der Stadt Bestes** Jer 29,7.

5. Ragaz, Leonhard: Von Recht und Unrecht des Kapitalismus. Neue Wege: Beiträge zu Religion und Sozialismus. 1906-1907, Band 1 Heft 6, S. 129: »**Der Kapitalismus hat eine Unruhe in die Welt gebracht, die nur mit der Geburt einer neuen Kultur endigen kann.**«

»Er ist seinem eigentlichen Wesen nach böse; er ist die Unsittlichkeit selbst ... Ganz böse ist schon sein Ursprung. Sein Vater ist der Wucher, seine Mutter die Ausbeutung, Geburtshelferin war die Gewalt und Paten Sklaverei, Raub, Krieg und Mord.«

Der Kapitalismus »ist brutal. seelenlos, ja seelenfeindlich, menschenfeindlich und gottfeindlich ... in seinem tiefsten Wesen widersittlich ... fragt nichts nach der Persönlichkeit, weder der einzelnen noch der Gemeinschaft, **überhaupt nichts nach dem Menschen.**« »Sein System beruht auf dem »Prinzip ... [der] Knechtschaft des Menschen«, »eine Knechtschaft des Arbeiters in Form von Lohnsklaverei und Knechtschaft des Unternehmers in Form von Abhängigkeit von der Konkurrenz, vom Geldmarkt, der Mode, der Technik.«

6. Die evangelische Christenheit hat auf **der Ökumenischen Weltversammlung in Seoul/Korea 1990** zehn Grundüberzeugungen für Gerechtigkeit, Frieden und Bewahrung der Schöpfung in einem sogenannten **Konziliaren Prozeß** formuliert:

»Wir ... wissen, daß viele Menschen, die andere Religionen und Weltanschauungen vertreten, ihre eigene Sicht von Gerechtigkeit, Frieden und der Bewahrung der Schöpfung haben. Wir suchen den Dialog und die Zusammenarbeit mit ihnen. Wir folgen damit der Vision einer neuen Zukunft, die für den Fortbestand unseres Planeten unerläßlich ist.«

In Seoul wurde insbesondere die Verpflichtung eingegangen, »die positiv aufbauende Kraft der Basisbewegungen zu unterstützen, die für Menschenwürde … kämpfen und ein gerechtes und partizipatorisches Regierungs- und Wirtschaftssystem anstreben.« »Wir werden dem Anspruch widerstehen, alle geschaffenen Dinge dienten lediglich dazu, von Menschen ausgebeutet zu werden. Wir widerstehen … dem Konsumdenken und der schädlichen Massenproduktion, der Verschmutzung von Land, Luft und Wasser«.

7. Apostolisches Schreiben »Evangelii Gaudium« 2013 von Papst Franziskus: »Diese Wirtschaft tötet« (EG 53). »Die Würde jedes Menschen und das Gemeinwohl … [müssen] die gesamte Wirtschaft strukturieren« (EG 203). »Wir dürfen nicht mehr auf die blinden Kräfte und die unsichtbare Hand des Marktes vertrauen« (EG 204).

8. Spirituelle und transformatorische Gemeinsamkeit in einer Oekumene der Weltreligionen als »Einheit in Vielgestaltigkeit«. (Seite 121)

Schuldekan a.D., Pfarrer Christian Buchholz Dürnau

Es ist eigentlich alles schon gesagt. Ja - Zusammenleben!

»Wichtig ist das Tun« (Gotthilf Schenkel), »Lasst es uns einfach tun…« (Lothar Kreyssig), »Was nicht zur Tat wird, hat keinen Wert« (Gustav Werner): Das sind interessante und bis heute wirksame Ansätze in der Kirchen- und Sozialgeschichte für eine menschenfreundliche Kultur in Gesellschaft, Politik und Wirtschaft. Sie bilden auch einen Teil meines politisch-religiösen Hintergrunds ab: in Aktion Sühnezeichen Friedensdienste, bei dem Seelsorger und Politiker Christoph Blumhardt, bei den gesellschaftspolitischen Impulsen der Kirchentagsbewegung, in vielen kirchenreformerischen Initiativen, in sozialpolitischen Gruppen … Engagement für notwendige Umbrüche geschieht, wo aus Geschichte gelernt und eine Entwicklung entworfen und begleitet wird, die die Würde der Schöpfung achtet.

So gelingt nach meiner Erkenntnis ›Konvivialismus‹: Die im ›Manifest‹ aufgerollten Herausforderungen werden seit Jahrhunderten in den großen

Religionen aufgegriffen. Religion ist Bedingung einer guten Kultur und einer gewachsenen Würde des Menschen – leider immer wieder missachtet, missbraucht und mit Schuld beladen, mythisch überhöht. Aber die tiefe Hoffnung bleibt: Zwei aktuelle Bücher (T. Mäule und H. Springhart) nennen es »hoffnungsstur«. Sie nehmen den Impuls von Ernst Bloch auf: Er spricht von konkreter Utopie und wurde zum Begleiter der bereits in den 60er/70er Jahren des letzten Jahrhunderts als notwendig erkannten Umbrüche.

Solche Hoffnungsbilder motivieren und befördern Resilienz, Stärkung der Menschen, Widerstand gegen zerstörerische Kräfte – in Wirtschaft, globaler Politik, im ›Zusammenleben‹ … Tragende Fundamente sind dabei u.a. die prophetische Tradition der hebräischen Bibel und die Bergpredigt. Sie gründen auf historischen, zeitbedingten Erfahrungen und enthalten sozialkritische Impulse, die z.B. im Religiösen Sozialismus, in der katholischen Soziallehre, in der protestantischen Sozialethik konkretisiert und weiter entwickelt werden. Warum nicht endlich mit solchen Kräften zusammen arbeiten und zusammen hoffen?

Wir haben viele gut funktionierende Systeme in der öffentlichen und kirchlichen Bildungsarbeit, in den Parteien, auch in der renommierten Theodor-Heuss-Stiftung und im Tübinger Weltethos-Projekt. Vor allem örtliche und überörtliche Arbeitskreise, viele Projektgruppen (auch an Schulen) sind in kleinen überschaubaren Netzwerken aktiv: Dort geschieht (schon) Konvivialismus – nämlich gelingendes (und ansteckendes, perspektivisches) Zusammenleben! Diese gilt es zusammenzuführen – trotz aller bestehenden Gegenkräfte in Gesellschaft, Wirtschaft, Politik und (leider) auch Religionsgemeinschaften. Nicht ein »neuer radikalisierter und erweiterter Humanismus« muss erfunden werden, sondern die ›alten‹ und wertvollen Quellen sind ausfindig zu machen. Sie sind zum Sprudeln zu bringen und können dann gemeinsam (‚konvivialistisch‹) in die reformerische Tat umgesetzt werden. Vielleicht ist auch (nur?) ein Einzelkämpfertum angesagt, weil dieses nicht korrumpierbar, aber nachahmenswert und animierend ist – ohne Aussicht auf große sichtbare Erfolge, aber zeichenhaft, stückwerkartig, symbolisch – gleichsam als Vorbild. Das ist z.B. der strukturelle Ansatz bei Aktion Sühnezeichen Friedensdienste. Die Erfahrung sagt: Es kann alles ›den Bach runtergehen‹. Aber die Erfahrung sagt auch: Es gibt gute Kräfte, die sich nicht beugen lassen.

Prof. Dr. theol. Meehyun Chung, Yonsei Universität, Seoul Südkorea
Geringfügig bearbeiteter Beitrag »**Klimawandel und Biosphärenkrise –
Chancen für eine Große Transformation**«, aus Anlaß eines Religionsverbindenden Friedensgebets am 1.5.2014 auf der Oekumenischen Versammlung Mainz 2014 »Die Zukunft, die wir meinen – Leben statt Zerstörung«.
17.5.2022

Einseitige Wachstumsorientierung und anhaltende Habgier der Menschen
sind eine moderne Krankheit. Sie zerstört nicht nur die Umwelt, sondern
auch uns selber und herrscht überall. Politische und wirtschaftliche Macht-
koppelung hindern umweltschonende Entwicklung. Eigene Profitsteigerung
ist unverantwortlich.

Aufgrund der politischen Trennung des Landes Korea wurde die Sicherheit
des Landes immer primär als wichtigstes Anliegen angesehen. Sie war fast
ausschließlich militärisch orientiert. Die linear denkende Regierung kannte
in der Vergangenheit nicht die fatale Auswirkung, den Charakter und das
Leben der Natur zu ignorieren, und betrieb überall planlos und zukunft-
vergessend Bauarbeiten. Nur die kritische Minderheit der religiös orien-
tierten Menschen, darunter auch ChristenInnen, haben ein nachhaltiges
Bewusstsein gehabt. Es geht immer um die Spannung zwischen Wachstum,
Entwicklung und Umwelt.

Mein Standpunkt über die Transformation der menschlichen Haltung
im Angesicht des Klimawandels ist, die unterschiedlichen Werte neu ein-
zuschätzen und andere Meinungen nicht vom eigenen Maßstab her zu
beurteilen, geschweige denn zu diskriminieren. Dafür brauchen wir einen
Neuanfang im Sinne von Metanoia, Umkehr.

Die traditionellen Werte von Korea betonen die Beziehung zu Gott, Natur
und Mitmensch. Beispiele in der christlichen Tradition veranschaulichen
die idealste Beziehung zu Gott, Mensch und Natur. Dabei muß ich davon
ausgehen, unterschiedliche Werte gegenseitig anzuerkennen.

In der Geschichte wurden die Werte Logik, »Literalität« (Überbewertung
von Wissenschaft und schriftliche Äußerungen), Männlichkeit und Westo-
rientierung (Linksgehirn) mehr überschätzt, während die Werte Emotion,
Oralität, Weiblichkeit und Ostorientierung (Rechtsgehirn) unterschätzt
wurden. Diese unterschätzten oder verlorenen Werte wieder in ein harmo-

nisches Gleichgewicht zu bringen, ist wichtig, weil die östliche Einschätzung mit Schonung der Natur und das Kümmern um Andere heute notwendiger ist denn je.

Wir alle müssen selbstkritisch unsere Situation reflektieren. Dies bedeutet, in der westlichen Gesellschaft wichtige Werte der christlichen Tradition wieder hervorzuheben, während wir in der jungen Kirche gewisse einseitige Orientierung zu korrigieren haben. Fundamentalistische Prägung des Christentums in Korea ignoriert bewusste Teilnahme an der sozialen Gerechtigkeit, weil es sich auf individuelle Seelenheilung und materialen Segen konzentriert. Diese Tendenz stört die Zusammenarbeit mit anderen Mitreligionen, weil der Christozentrismus als geschlossene Exklusivität die Monopolstellung und den Machtanspruch der christlichen Religion hervorhebt, anstatt inklusive Haltung von Jesus zu verbreiten.

Gefragt ist jetzt, mit einem Neuanfang, die Stärke des Christentums zu unterstreichen. Trotz der negativen Aspekte der christlichen Mission ist anzuerkennen, dass das Christentum zur Transformation der Gesellschaft beitragen kann. Die Kirche kann lebensorientierte Botschaft verkündigen und gegenseitige Anerkennung der unterschiedlichen Werte teilen. Aber Transformation der Gesellschaft ist kein Monopol des Christentums. Wir stehen mit andersorientierten Menschen zusammen vor dieser Aufgabe auf unserem Globus, denn wir leben nur als Gäste auf dieser Erde. Denn der Mensch heisst nach chinesischer Schrift, einander unterstützend (人) und eine vermittelnde Position habend (間). Es heisst, wir sind miteinander verbunden und gegenseitig angewiesen.

Quäkerfreund Julian Clarke Stuttgart**, Religiöse Gesellschaft der Freunde** März 2022

Also, weiter Pflanzen!
Julian Clarke schrieb 2005 anläßlich eines Beitrages zum religionsverbindenden IGF-Friedensgebet in Stuttgart zum Thema »Wie gehen Religionen mit Natur und Naturkatastrophen um?« (Sri Lanka-Tsunami!):

Gemeinsame Bitte um Frieden Gottes und Göttliche Liebe

»Und es werden Zeichen geschehen an Sonne und Mond und Sternen; und auf Erden wird den Leuten bange sein, und sie werden zagen, und das Meer und die Wasserwogen werden brausen, und die Menschen werden verschmachten vor Furcht und vor Warten der Dinge, die kommen sollen auf Erden, denn auch der Himmel Kräfte werden sich bewegen, Himmel und Erde werden vergehen; aber meine Worte vergehen nicht.«

Lukas 21, 25, 26 und 33 (nach Luther)

Er bietet uns Seinen Frieden an; mögen wir Erdenmenschen die Kraft und das Vertrauen finden, seinen Frieden anzunehmen. Der Friede Gottes ist nicht wie ein von Menschenhand geschaffener Frieden, denn das Reich Gottes ist nicht von dieser Welt. In der Welt haben wir Angst und Not: Angst vor Menschengewalt, vor Naturgewalt, vor der Gewalt des Todes. In Gott ist die Überwindung der Angst.

Mögen wir durch Dich, Göttliche Liebe, die Angst überwinden; mögen wir den Mut haben, die Botschaft Deines Friedens in die Welt zu tragen, dass nicht des Menschen Wille sondern Deine Wille geschehe.

Jetzt fügt Julian 2022 hinzu:

Man kann erschüttert sein, dass destruktives, menschenverachtendes Machtbestreben wieder so krass das Weltgeschehen bestimmt. Ist die Menschheit nicht lernfähig, nicht lernwillig? Aber sie bleibt nicht die gleiche Menschheit, die Menschheit ist ein Werdendes und zugleich ein Vergehendes. Die Hoffnung besteht nicht in einer willkürlichen Überzeugung, dass die Zukunft gut und schön sein wird, sondern im Vertrauen, dass auch Untergang notwendig und sinnvoll ist und dass das Pflanzen eines Apfelbäumchens dennoch sinnvoll bleibt …

Also: weiter pflanzen!

Bischof Anba Damian (Seite 79)

Ali und Cäcilia Demir (Seite 83)

Probst aD, Dr. h.c. Dr. h.c. Heino Falcke, Erfurt

unterstützt im Juni 2022 die persönliche Zusammenfassung des Konvivialistischen Manifest 2013 »gern als wichtige Initiative in der großen Transformation«. Eine zentrale Antwort und als »wertvolle Elemente« stellt der Text eines Berliner Gesprächskreises zum dreißigjährigen Gedenken an die Ökumenische Versammlung der Kirchen der DDR – geringfügig gekürzt – vom Februar 2019 dar: »Ein Zukunftsversprechen, das noch einzulösen ist … Die Ökumenische Versammlung in der DDR 1989 vor dem Hintergrund globaler Gefahren 2019«. Er wurde von ihm unterschrieben zusammen mit 26 konziliaren WeggenossenInnen aus Ost und West und hat nichts an Aktualität verloren.

»Die Ökumenische Versammlung dachte über die DDR hinaus, als sie über Gerechtigkeit, Frieden und Bewahrung der Schöpfung als Selbstverpflichtung diskutierte. Sie war damit Teil einer weltweiten Aufbruchsbewegung, die sich den Überlebensfragen der Menschheit stellte. Sie wurde als ›Handlungsgemeinschaft‹ der Kirchen und christlichen Gemeinschaften in der DDR zu einem Modell christlicher Weltverantwortung, über konfessionelle Trennungen hinweg.

Dreißig Jahre später müssen wir feststellen: Die menschengemachten Probleme der globalen Welt – Armut, Hunger, Ausbeutung, Klimawandel, Flucht, Gewalt und Krieg – sind weiter ungelöst. Sie sind 2019 um ein Vielfaches komplizierter, bedrohlicher und schwerer politisch zu bearbeiten … Aber gefragt werden muss, ob nicht die sich verschärfenden weltweiten Überlebenskrisen eine neue Wertschätzung für die Grundüberzeugungen der Ökumenischen Versammlung von 1989 geradezu herausfordern.

Die Kündigung des INF-Vertrages von 1987 über die Abrüstung der nuklearen Mittelstreckenraketen in Europa durch die USA und Russland stellt gegenwärtig alles in Frage, was bis heute durch Entspannungspolitik und kooperative Sicherheit erreicht worden ist … Zu befürchten ist nun ein neues Wettrüsten mit nuklearen Mittelstreckenraketen in Europa und weltweit … Schon bringen Politiker die Stationierung von neuen Atomwaffen ins Gespräch. In dieser gefährlichen Situation für Europa müssen die Kirchen mit einer Stimme sprechen und gegen ein neues nukleares Wettrüsten Stellung beziehen.

Die Ökumenische Versammlung war 1988/89 eine Antwort auf die Zeichen der Zeit. Ihre Grundannahmen korrespondieren mit Jahrzehnte alten Lernerfahrungen der ökumenischen Bewegung. Sie folgten dem Umkehr-Ruf Jesu ›Kehrt um und glaubt an das Evangelium‹. Deshalb war die Versammlung auch nicht ›überholt‹, als die beginnende Demokratisierung der DDR 1990 von einem System-Wechsel überlagert wurde. Inzwischen fragen sich immer mehr Menschen in den Neuen Bundesländern, ob ihre Einwanderung in den neoliberalen Kapitalismus der Bundesrepublik das Ziel dieser gewaltfreien Revolution gewesen sein kann. Die sich immer weiter öffnende Schere in unserer Gesellschaft zwischen Gewinnern und Verlierern, die die einen arm und die anderen immer reicher macht, ist ein Skandal, auch wenn er mit dem Etikett ›marktkonforme Demokratie‹ kaschiert wird. Das Gift des Populismus und Nationalismus breitet sich aus. Wir können nicht die Errungenschaften der Freiheit preisen, ohne ihre Verirrungen beim Namen zu nennen.

Das Fazit über die deutsche Vereinigung würde freundlicher ausfallen, ginge sie mit wirklicher gesellschaftlicher Erneuerung einher, mit mehr Partnerschaft auf Augenhöhe, Chancengleichheit und Partizipation. Tatsächlich änderte sich 1990 im Osten fast alles und im Westen fast nichts. Noch immer nicht eingelöst ist das Versprechen, das Grundgesetz durch eine Verfassung zu ersetzen, ›die von dem deutschen Volke in freier Entscheidung beschlossen worden ist‹ (Art. 146 GG).

Wir setzen uns dafür ein, dass die drei ›vorrangigen Optionen‹ von 1989 – für Gerechtigkeit, Frieden und Bewahrung der Schöpfung – zu Bausteinen einer sozialen, ökologischen und ethischen Transformation von Politik, Wirtschaft und Gesellschaft in Europa und weltweit werden. Zivile Friedenspolitik und nicht militärgestützte Sicherheitspolitik muss Maßstab und Mittel für die Arbeit an Europas Zukunft sein.«

Fridays for Future Stuttgart **Weltweite Klima-Gerechtigkeitsbewegung**

Eine Bürgerstimme aus Stuttgart: Uns allen bleibt noch in aufrüttelnder Erinnerung, als 2019 Greta Thunberg in Davos auf dem Weltwirtschaftsforum zu sofortigen Maßnahmen gegen den Klimawandel aufgerufen hat. »Ich will, daß ihr handelt, als wenn euer Haus brennt, denn das tut es.« »Geld und Wachstum [kann nicht] unsere einzige Sinnerfüllung« sein. Auch in Stuttgart hat sich eine erfolgreiche Gruppe gebildet. Im Zusammenhang mit beeindruckenden Demos im März 2022 wird treffend unsere aktuelle Weltsituation beschrieben: »Alles ist Krise«. Insbesondere müssen »die Bezüge zwischen Klimakrise, Krieg und sozialer Ungerechtigkeit aufgezeigt werden.« »Junge Menschen stehen hier und überall auf der Welt solidarisch an der Seite der von Krisen betroffenen Menschen«. »Und es passiert nach wie vor viel zu wenig. Kriege, Unwetter und Naturkatastrophen dominieren jetzt schon die Nachrichten«.

Fridays for Future Stuttgart hat als Konkretisierung im Sinne »wertvoller Elemente« des Konvivialismus folgende **Forderungen für Baden-Württemberg** erhoben, die 58 Ortsgruppen unterschrieben haben:

Die Erstellung einer wissenschaftlichen Studie zur Einhaltung der 1,5°C-Grenze mit Aktions- und Reaktionsplan für Baden-Württemberg:

… Aus dieser muss ein verpflichtender Maßnahmenplan abgeleitet werden. Allen Maßnahmen sind konkret messbare Reduktionsziele zuzuordnen. In diesem Maßnahmenplan muss ein jährlicher Monitoring-Prozess fest integriert sein. Werden die jährlichen, aus der Studie abgeleiteten Reduktionsziele verfehlt, muss unverzüglich mit dem vorbereiteten Reaktionsplan gegengelenkt werden. Dadurch entsteht Planungssicherheit und die notwendige schnelle Umsetzung wird möglich ☼ … Die Umsetzung zentraler Maßnahmen muss unverzüglich erfolgen … Diese erheben nicht den Anspruch auf Vollständigkeit. Bei der Umsetzung muss stets auf eine sozial gerechte Lastenverteilung geachtet werden ☼ Einführung eines CO_2- Schattenpreises von mindestens 180 € pro Tonne CO_2-Äquivalent ☼ Kohleausstieg in Baden-Württemberg bis spätestens 2030 ☼ Verpflichtende Wärme- und Kälteplanung für alle Kommunen ☼ Dachflächen konsequent für Solarenergie nutzen ☼ Landflächennutzung für Wind- und Solar-Anlagen erleichtern und Landesziele nach Potential verpflichtend auf Regionen verteilen ☼ Klimaschutzpakt mit der Industrie ☼ ÖPV erheblich aus- und den städtischen Verkehr umbauen

Ziel muss ein flächendeckender Ausbau von Fahrrad-, Bus- und Bahninfrastruktur im Land sein ☼ Treibhausgasreduktion und Steigerung der Artenvielfalt in der Landwirtschaft ☼ Gemeinwohlorientierte Kreditvergabe Kreislaufwirtschaft und zukunftsfähiges Bauen

Darüber hinaus fordern wir von der Bundesregierung (Auswahl):

1. **Die Verabschiedung eines 1,5°C-konformen CO_2-Budgets**
2. **Die sofortige Beendigung neuer Erdgasinfrastrukturprojekte und Beschluss des Erdgasausstiegs bis spätestens 2035**
3. **Einen sozialverträglichen Ausstieg aus allen fossilen Energien in Deutschland** Alle Dörfer bleiben: Keine weiteren Flächen für Kohle abbaggern und verbindlicher Kohleausstieg bis spätestens 2030, Ende aller Subventionen für fossile Energieträger
4. **Die Beseitigung aller (politischen) Ausbaubremsen für Sonnen- und Windenergie und die Versiebenfachung des Ausbaus**
5. **Das Einleiten einer radikalen, sozial gerechten Mobilitätswende** Einen Einbaustopp für fossile Verbrennungsmotoren ab 2025, einen sofortigen Neu- und Ausbaustopp für Autobahnen und Bundesstraßen
6. **Das Übernehmen globaler Verantwortung: Deutschland verpflichtet sich, für seine historischen Verantwortungen einzustehen** Festlegung von mindestens 14 Milliarden Euro jährlich für internationale Klimafinanzierung, Ausschluss der Ratifizierung klima- und umweltschädlicher sowie menschenrechtsgefährdender Handelsverträge.

Pfarrer i.R. Friedrich Gehring, Backnang
Anders wachsen: Jesuswachstum
Thesen zur christlichen Vorstellung von gesellschaftlichem Wachsen

1. Jesus will das Wachsen des Reiches Gottes der Gerechtigkeit, in dem alle satt werden (Mk 1, 15; Mk 6,37). Es wächst in der Mitte derer, die gerecht teilen (Lk 17,20 f) und damit die Welt heilen von zerstörerischer Gier (Lk 19,1-10).
2. Dem Aufbau des Reiches Gottes steht der Götze Mammon entgegen. In

der Muttersprache Jesu ist der Mammon der Begriff für die zerstörerische Kraft des Geldes und des Kapitals, die schon von den alttestamentlichen Propheten angeprangert wird (Jes 5, 8-10). Der Dienst gegenüber dem Götzen Mammon ist unvereinbar mit dem Dienst gegenüber dem barmherzigen Gott (Mt 6,24).

3. Die Überwindung des Götzen Mammon geschieht dadurch, dass der ungerecht von unten nach oben verteilte Reichtum zurück verteilt wird von oben nach unten, auch wenn dies das Gesetz des ungerechten Mammons bricht (Lk 16,1-9). Voraussetzung ist, dass der teuflischen Versuchung durch die Heilsversprechen des Mammon widerstanden wird (Mt 4,8f). Dazu gehört für Jesus der Boykott der harten römischen Währung, die mit dem Bild des Kaisers wegen des zweiten Gebots (2. Mose 20,4) als Götzengeld nicht angerührt werden darf (Mk 12,13-17), was die kaiserliche Ausbeutung erschwert.

4. Die Umverteilung von unten nach oben soll schon im Judentum durch regelmäßigen Schuldenerlass (5. Mose 15,11) und das Zinsverbot (5. Mose 23,19) verhindert werden. Der lutherische Protestantismus hält am Zinsverbot bis an die Grenze zur Neuzeit fest. Im Alten wie im Neuen Testament besteht das Verbot des Vorenthaltens von Lohn (5. Mose 24, 14f; Jak 5,4).

5. Die Zerstörungskraft des Götzen Mammon wird besonders sichtbar in der Weltwirtschaftskrise von 1929 und den Folgejahren. Die Begrenzung der zerstörerischen Kräfte des Kapitals in den Jahren bis 1944 wird ab 1960 und besonders im aufkommenden Neoliberalismus ab 1980 wieder aufgehoben. Die Freilassung dieser Zerstörungskräfte führt konsequent zur Krise von 2008, die in der Staatsschuldenkrise weiterwirkt. Besonders drastisch wird Mammonsdienst sichtbar in den Skandalen um die hütchenspielerischen Betrügereien mit Aktien (»Cum-Cum« und »Cum-Ex«).

6. Zum Wachsen des Reiches Gottes muss heute die neoliberale Zerstörungskraft überwunden werden durch eine Rückverteilung des ungerechten Mammons von oben nach unten. Schuldenschnitte sind überall dort notwendig, wo das neoliberale Wirtschaftssystem arme Länder mit Hilfe korrupter Brückenkopfeliten in den Bankrott treiben. Sie dürfen nicht mehr die Steuerzahler treffen wie bei der sog. »Eurorettung«, son-

dern müssen zu Lasten der megareichen Anleger gehen, die sich auch noch in den vergangenen Krisenjahren immer mehr bereichert haben (vgl. These 3. und Lk 16,1-9). Im Blick auf das Zinsverbot empfiehlt sich eine Orientierung am »Islamic Banking«. Weltweit muss Ausbeutung durch Lohndumping überwunden werden durch faire Löhne, die Arbeitnehmer angemessen am Unternehmensgewinn beteiligen, etwa durch Kaufboykottmaßnahmen. Im Blick auf die Weltwirtschaft kann der US-Dollar als ausbeuterische Leitwährung boykottiert werden (vgl. These 3, Mk 12,13-17). Entsprechendes gilt innereuropäisch für den Euro: Griechenland wäre durch die Rückkehr zur Drachme weniger zu erpressen und auszubeuten gewesen.

Kelsang Gogden (Seite 76)

Kinga von Gyökössy-Rudersdorf, Weinstadt/Stuttgart
Laßt uns singen und feiern – brasilianisch

Aus dem mittel-osteuropäischen Kulturkreis heraus, Budapest, kann ich mich für die Entwicklung eines besseren humanistischen »Zusammenleben« in der Welt in diesem »Aufruf an Alle« voll und ganz aussprechen. Wesentliche Teile wurden von mir über Jahrzehnte, z.B. in meinem Einsatz für Schutz und Gleichberechtigung von Frauen und im konziliaren interreligiösen Prozeß vertreten.

Eine zeitgerechte und machbare Überwindung des Menschentum mißachtenden neoliberalen Kapitalismus und auch eine religions- und gemeinschafts-verbindende Solidarisierung weltweit ist überfällig. Die Vision, daß »Vertreterinnen und Vertreter von Weltreligionen, Philosophien, Morallehren und Ideologien«, aber auch von Basisinitiativen und Einzelpersonen, die »wertvollen Elemente« ihrer Sozialisation und ihres Lebens zusammentragen und daraus eine Ethik und Charta des Zusammenlebens der Weltgemeinschaft entsteht, kann nur begrüßt werden. Dabei sollte das Grundprinzip einer humanen Vernunft und die Möglichkeit umgesetzt werden, »einander zu widersprechen, ohne einander niederzumetzeln, und gleichzeitig für einander und für die Natur Sorge zu tragen«. Insbesondere muß dabei die Begegnung mit Mitmenschen auf »Augenhöhe« und die totale Ächtung und Vermeidung jeglicher kriegerischer Handlungen gewährleistet sein. Krieg darf nach Gottes Willen nicht sein. Gerade »unter Berufung auf das Heilige« haben wir lange Jahre zusammen mit den Weltreligionen gute Erfahrungen und »Erfolge« machen können.

Der seit Jahren vielfach angelaufene Transfomationsprozeß muß im gesellschaftlichen Leben, in Kultur, Politik und Wirtschaft intensiviert werden, um der drohenden »**Zerstörung aller sozialen und politischen Regulierungen zugunsten der alleinigen kommerziellen Regulierungen**« zu **begegnen. Ja,** Eine richtige Politik ist eine Politik der Achtung, des Miteinander Reden und der Liebe zwischen den Menschen.

Ich unterstütze uneingeschränkt die zunehmenden aktuellen, absoluten Prioritäten: »die Senkung des CO_2-Ausstoßes und die Nutzung der erneuerbaren Energien anstelle der Kernkraft und der fossilen Energien … Kampf gegen die spekulativen Auswüchse der Finanzwirtschaft, die Hauptursache der kapitalistischen Maßlosigkeit … indem man die Banktätigkeit und die Finanz- wie die Rohstoffmärkte streng reguliert, die Größe der Banken begrenzt und den Steuerparadiesen ein Ende setzt.« »Das Gebot der Gerechtigkeit und der gemeinsamen Sozialität … bedeutet, die schwindelerregenden Ungleichheiten zu beseitigen, die zwischen den Reichsten und dem Rest der Bevölkerung seit den 1970er Jahren explosionsartig zugenommen haben, und gleichzeitig … ein Mindesteinkommen sowie ein Höchsteinkommen einzuführen.« Konkret muß ein gerechtes Lieferkettengesetz verwirklicht und die Ausbeutung von Arbeitenden, insbesondere von Kindern, sowie die himmelschreiende sexuelle Ausbeutung beendet werden.

Laßt uns singen und feiern, wie ich es in einem religionsverbindenden Friedensgebet 2001 in Stuttgart nach einem brasilianischen Lied anregen konnte:

Gott ruft alle Menschen in ein neues Leben. Wir gehen Hand in Hand. Die Zeit ist reif für den Wandel. Jetzt ist die Zeit erfüllt.

Laßt uns zusammen gehen. Keiner kann alleine stehen, kommt. Schließt euch zusammen. Eure Hände und Herzen sind wichtig, kommt!

Susanne Jakubowski (Seite 77)

RA Dr. phil. Udo Kauß, Freiburg/Brsg., **Vorsitzender Humanistische Union LV Baden-Württemberg,** Februar 2023

Bürgerrechte und der Ukraine-Krieg
Die Ukraine verteidigt nicht nur ihr eigenes Land gegen einen Aggressor, der aus seinen imperialen Zielen, zumindest der Wiederherstellung der Größe der untergegangenen Sowjetunion, kein Geheimnis mehr macht. Die Ukraine verteidigt auch die Freiheit der umliegenden Staaten, und damit letztlich auch unser daran angrenzendes Land und die hier geltenden Freiheiten. In den Ländern unter dem US-amerikanischen Himmel besteht hierüber noch relative Einigkeit. **In den Ländern Afrikas, Südamerikas und des asiatischen Raumes führen Erfahrungen mit uns Bannerträgern dieser Werte zu Vorsicht und Abstand mahnenden Haltungen. Das sollte die Möglichkeit des Innehaltens bieten.**

Bürgerrechte sind das in Permanenz sich zu versichernde rechtliche Fundament unserer Gesellschaften. Wenn dies so ist, und Bürgerrechte nicht nur etwas für Sonntagsreden und sich nicht in der seit 7 Jahrzehnten hierzulande erlebten bürgerrechlichen Erfolgsgeschichte erschöpfen, dann müssen **Bürgerechte** auch und gerade in Zeiten auch schwerster Konflikte gelten. Und sie **können etwas sein, was über alle Lager und unterschiedlichen Bewertungen hinweg als Kompass dienen kann. Sie können einen Weg weisen heraus aus dem Diktat der Zwangläufigkeiten, aus der Logik des Krieges.**
Zu den Bürgerrechten gehört das Recht, den Kriegsdienst zu verweigern, und das Recht, dafür auch öffentlich einzutreten. Unabhängig davon, dass dieses Recht in der Ukraine nur religiöse Gründe anerkennt: Dieses Recht derzeit in der Ukraine einzufordern, dürfte ein lebensgefährliches Unterfangen sein. **Aber wäre nicht die Verweigerung des Kriegsdienstes eines ganzen Volkes der Weg, der unermeßliches Leid ersparen würde?**

Der russische Angriff auf die Ukraine setzte in unserer Gesellschaft längst überwunden geglaubte Reflexe frei, die immerhin vorhandene rote Linien verblassen ließ:

Deutschland übersprang vor einem Jahr das erste Mal die rote Linie, keine militärischen Gegenstände in Krisengebiete zu liefern: Belachte 500 Militärhelme für die Ukraine. Doch dann ging es immer weiter. Im Herbst eine ob ihrer (damals offensichtlichen) Unangemessenheit erst mal als Lockerungsübung zu verstehende **Diskussion um den Einsatz von Atomwaffen, davor schon kamen die leichten Panzer, gefolgt jetzt von schweren Panzern, und schon liegt die nächste rote Linie bereit: Flugzeuge, Kampfjets, die Lufthoheit. Drohung und Realität schreiten Hand in Hand – der immer schneller drehenden bekannten Logik des Krieges verpflichtet.**

Die Frage: Hat das Opfer eines staatlichen militärischen Landraubes selbst das Recht, sich mit staatlichen militärischen Mitteln gegen den Angreifer im Lande zu wehren? Aber ja, der angegriffene Staat, die Ukraine, hat alles Recht dazu, sich gegen diesen menschen- und völkerrechtswidrigen Angriff ebenfalls mit militärischen Mitteln zu verteidigen, und wir haben alles Recht dazu, die Ukraine in ihrem Kampf gegen den Aggressor zu unterstützen. **Aber was für ein Recht ist das?**

Ein Recht, dass mit derzeit wohl an die 300.000 Toten belastet ist, ein zerbombtes Land, das Leid der Verletzten, der Kinder, das Elend und Leid der vielen Millionen Flüchtlinge: Eine wundgeschlagene, zerrissene Gesellschaft. Und der Winter als treuer Kumpan der Moskauer Herrscher seit mehr als 200 Jahren assistiert zuverlässig deren militärisches Geschäft. Um das vorauszusagen, musste man kein Prophet gewesen sein. **Doch die Spirale dreht weiter, solange von den drei Hauptakteuren kein Frieden, sondern allein ein Siegfrieden angestrebt wird.**

Die nicht-militärische Alternative: Der zivile Widerstand in einem besetzten Land. Auch die Besetzung eines Landes ohne den eliminativen Einsatz militärischer Mittel würde vielfache Opfer, Tote, vielfaches und schier unerträgliches Leid mit sich bringen. Aber nicht das unendliche Maß an Verwüstungen von Land und Menschen, die der gegenseitige

Einsatz staatlicher militärischer Gewalt bewirkt. Vor allem aber: Der zivile Widerstand ließe beiderseitig Gräben, seien sie auch noch so tief, überbrückbar bleiben, und ist letztlich der Erfolgreichere[1]. Dafür ist es nie zu spät.

Karin Klingbeil, Stuttgart, Tempelgesellschaft
Lehre und Leben des Jesus von Nazareth als Vorbild

Als Vertreterin der Tempelgesellschaft nach den wertvollen Elementen in unserer Glaubensauffassung gefragt, ist meine eindeutige Antwort: Lehre und Leben des Jesus von Nazareth als Vorbild. Dieses und seine Verkündigung, in deren Zentrum das »Reich Gottes« steht, sind die Grundlage der Glaubensauffassung seit Anbeginn des Bestehens der Gemeinschaft im 19. Jahrhundert, daher das Motto: »Trachtet zuerst nach dem Reich Gottes und nach seiner Gerechtigkeit« (Mt 6,33).

Dabei ist für uns nicht ein Für-Wahr-Halten von Glaubenssätzen wesentlich, sondern ein Leben im Sinne Jesu: im Vertrauen auf Gott, in Liebe zum Nächsten und in **Verantwortung für die Welt, damit sie ein wenig Reich-Gottes-ähnlicher wird**. Damit wird klar, dass wir das »Reich Gottes« nicht nur im Jenseits verorten, sondern dass es wesentlich auf das Bemühen ankommt, diese Ideale in unserem irdischen Leben umzusetzen.

Nach unserer Auffassung führt ein solches Leben im Sinne Jesu zu einem guten menschlichen Zusammenleben, das auf Respekt des anderen, Achtung vor seiner (möglicherweise) anderen Meinung und Lebensweise basiert. Schon der Gründer der Tempelgesellschaft, Christoph Hofmann, formulierte 1875:
»Der Glaube an einen vollkommeneren Zustand des menschlichen

---

1 Die 2011 veröffentlichte Studie »Warum ziviler Widerstand funktioniert« der US-Amerikanerinnen Erica Chenoweth und Maria J. Stephan zeigt: Ziviler Widerstand ist in 323 internationalen Konflikten doppelt so erfolgreich zur Erreichung politischer Ziele wie bewaffneter Widerstand. Die Wahrscheinlichkeit einer Demokratie fünf Jahre nach dem Konflikt ist zehnmal höher bei gewaltfreiem Vorgehen. (Untersuchungszeitraum 1900-2005)

Geschlechts, als der jetzige ist, und die Bereitwilligkeit, an den gemeinsamen Schritten, die zur Herbeiführung dieses besseren Zustandes unternommen werden, nach Kräften mitzuwirken – das ist der Glaube des Tempels.«

Auf solche Art zusammenzuleben, war das Ziel der im 19. Jahrhundert in Palästina gegründeten Siedlungen, das auch nach dem Ende des Siedlungswerks nicht aufgegeben wurde. Da hier ein solches Zusammenleben wie in den Siedlungen in Palästina nicht mehr möglich war, versteht sich von selbst, dass es in der Verantwortung jedes Einzelnen liegt, sich danach auszurichten und seine Kräfte im eigenen Umfeld dafür einzusetzen – das gilt für das menschliche Zusammenleben ebenso wie für die Bewahrung der Schöpfung.

Was für mich ebenfalls ein sehr wertvolles Element in unserer Tempelgemeinde darstellt, ist die große Freiheit im Glauben.

Die Grundlagen unserer liberalen Glaubensauffassung (siehe »Glaube und Selbstverständnis« unter www.tempelgesellschaft.de) lässt jedem die Freiheit, einen eigenen Glaubensstandpunkt zu finden und ihn auch nach außen zu vertreten. Da alle Funktionen in der Gemeinde ehrenamtlich bekleidet werden, ist das Engagement der Mitglieder für ein lebendiges Gemeindeleben erwünscht – das fördert das Miteinander sehr.

Dr. Yuval Lapide (Seite 91)

Christine Müller (Seite 81)

Hatab Omar (Seite 86)

Pfarrer i.R. Martin Poguntke, Sprecher Aktionsbündnis gegen S21, Stuttgart, Dezember 2022
»Stuttgart 21« – eine Kriegserklärung gegen Mensch und Natur

Friede für Stuttgart und die Region!

Das Ziel des Protests gegen das Projekt »Stuttgart 21« ist: dass ein klimaschützendes und menschenfreundliches Leben in der Stadt und der Region möglich wird. Deshalb hat der Protest auch nicht nur ein Verhinderungsziel, sondern auch ein konstruktives: »Umstieg 21«. Hinter diesem Titel verbirgt sich ein Konzept, das im Kern vorsieht, dass bereits im Rohbau fertiggestellter Tiefbahnhof und Tunnels nicht für Zugverkehr genutzt werden, sondern für ein City-Logistik-System. Mit diesem soll der Warenverkehr zwischen City und Stadtrand (Hafen, Autobahn, Güterbahnhof) von der Straße unter die Erde verlegt und unterirdisch in den bereits gebohrten Tunnels vollautomatisch abgewickelt werden. Der bestehende Kopfbahnhof soll hingegen modernisiert werden und – wie bisher – den kompletten Zugverkehr übernehmen. So wird erreicht, dass ein Großteil des die Straßen vergiftenden und verstopfenden Lieferwagenverkehrs wegfallen kann – und: ein attraktiver und leistungsfähiger Bahnhof wirklich zum unverzichtbaren Umsteigen auf öffentliche Verkehrsmittel einlädt. So kann wenigstens ein Stück Friede zwischen Mensch und Natur entstehen.

Kriegserklärung Stuttgart 21

Das Projekt S21 hat in Stuttgart und im ganzen Land tiefen Unfrieden geschaffen: Es wurde seit seinem Start mit so gigantischem Propaganda-Aufwand in die Köpfe der Bevölkerung gehämmert, dass bis heute eine tiefe Spaltung in der Bevölkerung herrscht: zwischen denen, die die Lügen durchschauen, und denen, die es nicht glauben können oder wollen, angelogen worden zu sein. So ist ein nicht zu beziffernder Schaden an der Demokratie entstanden. Denn breite Kreise in der Bevölkerung spüren sehr wohl an keinem Projekt deutlicher als an diesem Skandalprojekt, wie sehr »die Politik« in Wahrheit andere Ziele verfolgt, als sie vorgibt, zum Wohle der Bevölkerung zu verfolgen. Die Unzulänglichkeiten des Projekts sind inzwischen so deutlich – auch für die Befürworter –, dass es inzwischen nur noch gebaut wird, weil die Protagonisten von damals ihr Gesicht nicht verlieren wollen. Und um keine Fehler zugeben zu müssen, lassen sie sich immer wahnwitzigere »Ergänzungen« einfallen, denen eine immer hilflosere Bevölkerung immer lethargischer gegenübersteht, weil ihr eingehämmert wird, das sei unausweichlich nötig, um Stuttgart 21 »noch besser« zu machen.

Klimaskandal Stuttgart 21

Für immer mehr Menschen wird deutlich: Stuttgart 21 ist kein Bahnverkehrsprojekt, bei dem Baugrundstücke freiwerden, sondern es ist ein Immobilienprojekt, von dem der Bahnverkehr lediglich in Mitleidenschaft gezogen wird. Wer das Projekt kennt, weiß: Die 16 Gleise des immer noch sehr gut funktionierenden Kopfbahnhofs sollen abgerissen und durch einen quer dazu liegenden Tiefbahnhof mit nur 8 Gleisen ersetzt werden, der ausschließlich durch ein Tunnelsystem von 60 km Gesamtlänge erreicht werden kann. Und auf den von Gleisen freiwerdenden Flächen soll – das ist der eigentliche »Sinn« des Projekts – ein neuer Stadtteil entstehen, der allerdings in einer wichtigen Frischluftschneise und Kühlzone des Stadtkessels gebaut würde.

Weil die Betreiber des Projekts inzwischen eingesehen haben, dass die Leistungsfähigkeit des Tiefbahnhofs nicht einmal für den aktuellen Verkehr, geschweige denn für die von der Bahn angestrebte Verdoppelung der Fahrgastzahlen ausreicht, planen sie inzwischen weitere Tunnels mit einer Gesamtlänge von weiteren 47 km, die aber die Leistungsmängel nicht annähernd ausgleichen können. Allein der Stahlbeton für die dann über 100 km Tunnel produziert so viel CO_2 wie 5 Millionen Autos in einem ganzen Jahr. Und im Betrieb würde der leistungsschwache Tiefbahnhof wegen der Tunnels und der großen Steigungen ein Mehrfaches an Energie verbrauchen als heute auf den bestehenden Gleisen. Und vor allem würde er mit seinen zu wenigen, unpünktlichen und schlecht aufeinander abgestimmten Zügen zu einem weiteren Umsteigen von der Bahn aufs Auto (statt umgekehrt) führen. Das alles wird das Erreichen der Klimaziele unendlich schwieriger machen als ohnehin.

Stuttgart 21 fordert zahllose Opfer

Aber nicht nur die Klimaziele würden mit S21 geopfert, sondern auch – früher oder später – eine große Zahl an realen Menschenleben. Denn das Brandschutzkonzept der Bahn geht zum Einen von viel geringeren Fahrgastzahlen aus, als real in Sicherheit zu bringen wären. Und zum Anderen erfüllt es die geforderten Sicherheitsvorschriften in allen Kriterien nur »gerade eben«. Vor allem aber sind diese Vorschriften für »normale« Tunnel gedacht, aus denen ein Zug im Brandfall schnell wieder ins sichere Freie hinausfahren kann, nicht aber für ein Tunnel-Netz von über 100 km Länge mit nur wenigen oberirdischen Unterbrechungen und einem unterirdischen Bahnhof als tiefstem Punkt. Geopfert werden für dieses Projekt 20 Milliarden, die allein rund um Stuttgart vergraben werden. Sie »kannibalisieren« bundesweit zahllose wirklich der Verbesserung des Zugverkehrs dienende Bauvorhaben. Das reiche Baden-Württemberg gräbt mit S21 den anderen Bundesländern das Wasser ab.

Allein für das Projekt Stuttgart 21 (ohne die Schnellfahrstrecke nach Ulm, die weitere 4 Milliarden gekostet hat) sind bislang 9,8 Milliarden ausgegeben worden. Für die »Ergänzungsprojekte« müssen weitere 4 bis 5 Milliarden aufgewandt werden, sodass das Gesamtprojekt nahezu 20 Milliarden gekostet haben wird. Das müssen die Steuerzahler und Bahnkunden bezahlen – ohne nennenswerte Vorteile davon zu haben, denn die ohnehin geringen Fahrzeitgewinne werden von schlechteren Umsteigeverbindungen aufgefressen.

»Stuttgart 21« – eine Kriegserklärung gegen Mensch und Natur

All die Schäden, die S21 so an Mensch und Natur anrichtet, stellen eine Kriegserklärung gegen Mensch und Natur dar. Gegen diese Kriegserklärung wird in Stuttgart seit über 10 Jahren friedlich gekämpft, auf inzwischen weit über 600 »Montagsdemos« und in einer großen Zahl von Arbeitsgruppen und Einzelpersonen, die Zeit, Ideen und Geld spenden – für einen Frieden in Stuttgart zwischen Mensch und Natur.

Zum Thema seien hier zwei offizielle Stellungnahmen von IGF Stuttgart aus den Jahren 2011 und 2015 beigefügt:

PRESSEERKLÄRUNG vom Demokratiekongreß Stuttgart
Workshop 11 a: **26.2.2011**, DGB-Haus:
Einmischen statt Aussitzen – christlich-kirchliches Engagement Christen sagen Nein zu S 21
Verantwortlich Dr. Ulrich Börngen, Stuttgart

Resolution an die Kirchenleitung

Stuttgart 21 ist seit über 10 Jahren von **Unfrieden, Ungerechtigkeit und Würdelosigkeit** besetzt. Die politische und gesellschaftliche Entwicklung von Egoismus und Rücksichtslosigkeit, von quasi-religiösem Fortschrittsglauben und Vergewaltigung der Schöpfung Erde beunruhigt zunehmend die Menschen.

Laßt uns die Zeichen der Zeit erkennen und mit Geist und Hoffnung reagieren. In Stuttgart hat sich eine bemerkenswerte **Bürgergesellschaft** und z.B. eine lebendige Schloßparkgemeinde gebildet. Die Bürgergesellschaft konnte über längere Zeit durch geradezu prophetische Beiträge von evangelischen und katholischen Kirchenvertretern und von einer enorm breiten verantwortungsvollen Basis begleitet werden.

Deshalb ist ein grundsätzlicher **Strategiewechsel in unserer Kirche angezeigt**. Wir alle müssen lernen, menschenfreundlich mit anderen Meinungen und ehrlich und offen miteinander umzugehen und einander zu unterstützen. Bis auf wenigen Ausnahmen dürfte jeder ein Recht und die Pflicht haben, auch in leitenden Positionen, seine persönliche Meinung in rechter Weise äußern zu können, ohne «abgeschossen» zu werden.

Wir alle können und müssen unseren **Weg in Gottvertrauen und in Freiheit** gehen und müssen auch zu Fehlentwicklungen und Lügen unserer Zeit eindeutig Stellung beziehen. Dies kann erfolgen als »sichtbare Gemeinde, herausgetreten aus den Ordnungen der Welt«, denn »die Welt phantasiert von Fortschritt, Kraft, Zukunft … darum sind die Jünger Fremdlinge in der Welt, lästige Gäste, Friedensstörer … [dabei ist es] wichtig, daß Jesus seine Jünger auch dort selig preist, wo sie nicht unmittelbar um des Bekenntnisses zu seinem Namen willen, sondern um einer gerechten Sache willen leiden.« (D. Bonhoeffer 1937)

Wir hoffen mit Micha 6,8 »Gerechtigkeit und Liebe üben und bescheiden/demütig gehen mit/vor unserem Gott« auf ein gesegnetes gemeinsames **Zusammengehen aller Kräfte in unserer Kirche** ohne gegenseitige Verurteilung. Wir hoffen auf ein Zeichen von zögerlichen Kräften in unserer Kirche und Gesellschaft und regen deshalb an, eine gemeinsame **Arbeitsgruppe** zu bilden, die das Aufeinander-Zugehen in die Tat umsetzt.

Ulrich Börngen, Stuttgart

27.3.2015

Text zu einer AusstellungK21@web.de im FORUM 3 in Stuttgart

IGF Stuttgart Interreligiöse Gemeinschaft für Frieden
zu einem brennenden Problem in Stuttgart: K21

Unsere interreligiöse Gemeinschaft besteht seit 1983 und seit 2006 als IGF Stuttgart (www.igfstuttgart.de). Inhaltlich haben wir uns mit vielen relevanten religiösen und gesellschaftlichen Fragen unserer Zeit befaßt. Unsere Vision ist ein größeres Aufeinanderzugehen und eine Zusammenarbeit der Weltreligionen.

Das Schwerpunktthema 2013 und 2014 lautete »Weltreligionen und Weltbürger bekennen Farbe zu ›anders wachsen‹« (DEKT Dresden 2011). Hier wurde von Vertretern des Hinduismus, Protestantismus, Attac, Christengemeinschaft, Islam, Judentum und Buddhismus grundsätzliche Kritik am angeblich alternativlosen neoliberalen Wirtschaftswachstum geäußert.

Speziell konnte 2013 ein Podium unter dem Motto »Unsere Wachstumskritik - auch für K 21 und gegen S 21« beim Stuttgart Open Fair-Kongress durchgeführt werden. Es beteiligten sich u.a. Paul Schobel / kath. Betriebsseelsorger, Friedrich Gehring / ev. Pfarrer i.R. und Dr. Michael Müller / Vorsitzender NaturFreunde Deutschland, Berlin.

In einer **Botschaft** wurde formuliert:

»Wir sind zunehmend Zeuge und erschrecken darüber, daß dominierende Teile von Politik, Wirtschaft, Wissenschaft und Gesellschaft mit dem Leben und der Erde menschen- und gesellschaftsverachtend, umwelt- und zukunftsverachtend umgehen … Das klassische Beispiel von konsequentem Engagement für einen optimierten Kopfbahnhof in Stuttgart und gegen das Wahnsinnsprojekt S21 kann weltweites Vorbild sein für eine bessere menschengerechte Zukunft und für eine auch religiöse Zeitansage.«

Dr. Ulrich Börngen

Yoganathan Putra (Seite 74)

Clemens Ronnefeldt, Freising, **Friedensbeauftragter im deutschen Zweig des Internationalen Versöhnungsbundes – Einsatz für ein besseres Zusammenleben**

Dr. Ulrich Börngen bat mich Ende des Jahres 2022, »wertvolle Elemente« meines »friedenspolitischen Engagements« ihm als Beitrag zu einem Buch zu senden.

Beim Zusammenstellen fiel mir bald auf, dass **alle mir »wertvollen Elemente« mit Begegnungen mit anderen Menschen zu tun hatten.**

Nach dem Überfall des irakischen Diktators Saddam Hussein auf das Nachbarland Kuweit gründete ich mit anderen Menschen zusammen die **Initiative »Frieden am Golf«** und reiste mit einer ersten Delegation im November 1990 – knapp zwei Monate vor dem Kriegsbeginn am 17.1.1991 – in den Irak. Unsere mitgebrachten Medikamenten-Pakete wurden dankbar im St. Raphael-Krankenhaus in Bagdad angenommen. Eine Krankenschwester sagte unserer Gruppe: **»Euer Besuch ist für mich wie frischer Tau in der Wüste«.**

Im Januar 1992 begann ich als hauptamtlicher Referent für Friedensfragen meine Arbeitsstelle beim deutschen Zweig des Internationalen Versöhnungsbundes. Diese Organisation wurde 1914 zur Verhinderung des 1. Weltkrieges gegründet, kam aber leider für dieses Ziel zu spät. Heute engagieren sich rund 100 000 Mitglieder in rund 50 Staaten der Erde im »Internationalen Versöhnungsbund«, der auch Beraterstatus bei den Vereinten Nationen hat.

Während meiner ersten zehn Berufsjahre engagierte ich mich in Kroatien, Bosnien-Herzegowina und Serbien in der **Unterstützung von Friedensgruppen vor Ort** und bei der **Betreuung von Geflüchteten.** Zusammen mit einem Kollegen bereitete ich jeweils Gruppen von rund 15 Zivildienstleistenden auf ihre Einsätze in Flüchtlingslagern vor, bei denen wir für Kinder und Jugendliche Angebote machten wie »Spiel ohne Grenzen«, Theater oder Lager-Olympiade.

Nach der Auflösung der Lager in den Jugoslawien-Nachfolgestaaten beteiligte ich mich ab 2002 an Delegation, mit denen ich Friedens- und Menschenrechtsgruppen in Israel, Palästina, Jordanien, Türkei, Syrien, Iran, Türkei und in Ägypten besuchte. Über deren Engagement berichte ich regelmäßig in Deutschland an Schulen, Universitäten, in Kirchengemeinden, an Volkshochschulen oder in Akademien.

Eine meiner größten Herausforderungen war 2011 die **Moderation einer Modellkonferenz für Sicherheit und Zusammenarbeit im Nahen und Mittleren Osten,** zusammen mit Andreas Zumach, zu der rund 30 Teilnehmende aus Israel, Palästina, Jordanien, Türkei, Syrien, Iran, Irak und Kuweit gekommen waren. Alle stellten ihre jeweiligen Arbeitsbereiche und Projekte vor – und nach vier Tagen konnten wir **länderübergreifende Themengruppen wie »Friedenserziehung«, »Interreligiöser Dialog« oder »Wasser und erneuerbare Energien« bilden, in denen Menschen verschiedener Länder in einen fruchtbaren Austausch miteinander kamen.**

Von 2006 bis 2019 moderierte ich die »Internationale Münchner Friedenskonferenz«, die jedes Jahr zivile Alternativen zur gleichzeitig stattfindenden Münchner Sicherheitskonferenz vorstellt.

Von 2019 bis 2021 hatte ich im Rahmen von »Transparenz TV« die Möglichkeit in einer eigenen Youtube-Sendereihe »Friedensfragen mit Clemens Ronnefeldt« in 135 Sendungen ein breites Themenspektrum des großen Themas »Frieden« mit Studiogästen zu behandeln.

Für all diese Begegnungen in vier Jahrzehnten empfinde ich tiefe Dankbarkeit.

Clemens Ronnefeldt, Referent für Friedensfragen beim deutschen Zweig des Internationalen Versöhnungsbundes, Freising
www.versoehnungsbund.de

– ein Paradebeispiel für menschenfreundliche und weltumfassende, vielfach erfolgreiche und unterstützungswerte Friedensarbeit! Christlich gesprochen: »An ihren Früchten sollt ihr sie erkennen« (Matth. 7,16)

Paul Russmann, Stuttgart, **ORL**
ehrenamtlicher Beirat der Ökumenischen Aktion Ohne Rüstung Leben. 1986 bis 2017 Referent für Frieden und Abrüstung bei der Ökumenischen Aktion Ohne Rüstung Leben in Stuttgart, 29.3.2022

Ich wünsche mir ein Leben in Frieden für unsere Familien, Freundinnen und Freunde – genau wie alle Menschen. Doch in großen Teilen der Welt ist das keine Selbstverständlichkeit. Kriege und gewaltsame Konflikte zerstören die Lebensgrundlage von Millionen. Ein guter Grund, sich zu engagieren – nur wie?

Die ökumenische Aktion Ohne Rüstung Leben schafft seit mehr als 40 Jahren Angebote, mit denen tausende Menschen für eine friedlichere Welt eintreten und politische Veränderungen anstoßen. Gemeinsam erreichen wir, dass auch Ihre Stimme Gehör findet!

Ein Team aus Fachleuten koordiniert die Arbeit von Ohne Rüstung Leben. Es setzt dabei auf gute Kontakte und ein bewährtes Netzwerk aus kooperierenden Organisationen und Kampagnen, ehrenamtlich Aktiven sowie beratenden Expertinnen und Experten.

Mit klarem Blick verfolgen wir vor allem folgende Ziele:

Rüstungsexporte stoppen

Deutschland gehört zu den größten Waffenlieferanten weltweit – wir fordern ein grundsätzliches Rüstungsexportverbot! Schritte auf diesem Weg sind der ausnahmslose Stopp aller Lieferungen an kriegführende und menschenrechtsverletzende Staaten und ein Exportverbot für Kleinwaffen und Munition.

Atomwaffen abschaffen

Atomwaffen bedrohen die gesamte Menschheit. Darum wollen wir erreichen, dass Deutschland dem UN-Atomwaffenverbotsvertrag beitritt. Wir fordern außerdem einen Abzug der verbliebenen US-Atomwaffen aus Deutschland und einen Stopp aller Programme zur technischen Aufrüstung der Arsenale.

Frieden entwickeln

Frieden und Entwicklung sind untrennbar verbunden. Deshalb setzen wir uns für eine zukunftsweisende Politik ein, die in nachhaltige Entwicklung investiert und zivile Mittel nutzt, um gewaltsamen Konflikten vorzubeugen. Unsere Bildungsangebote vermitteln Methoden für den gewaltfreien Umgang mit Konflikten.

Viele tausend Menschen setzen regelmäßig auffällige Zeichen mit unseren Kampagnen und Aktionen. Gemeinsam haben ihre Stimmen Gewicht und stoßen friedenspolitische und gesellschaftliche Veränderungen an. Mit bewährten Methoden und guten Kontakten sorgen wir dafür, dass unsere Anliegen in Politik und Gesellschaft gehört werden. Als Kritische Aktionärinnen und Aktionäre sind wir sogar bei Rüstungsunternehmen präsent.

Unsere Leistungen bleiben nicht ungesehen. Ohne Rüstung Leben ist Träger mehrerer renommierter Preise und Auszeichnungen.

Lic. theol. Peter Schönhöffer (Seite 80)

Prof. Dr. theol. Franz Segbers Konstanz, November 2022

Das Konzept des Konvivialismus ist das gesellschaftliche Widerwort. Papst Franziskus macht es stark, wenn er von »**Geschwisterlichkeit**« spricht. Der **brasilianische Theologe Leonardo Boff weitet es aus zu einer »Universalen Geschwisterlichkeit«, die er als Grundlage für eine Gesellschaftsordnung der Zukunft** begreift. In unserem Aufruf an die Mitglieder der Vollversammlung des Ökumenischen Rates der Kirchen haben wir ebenfalls die Geschwisterlichkeit als neues Paradigma verstanden. Und doch fehlt eine Schwester. Diese Schwester heißt Recht. Denn der Anspruch lässt sich nicht nur behaupten. Erst das Recht ermöglicht es, dass sich Menschen und alle, mit denen der Menschen diesen schönen Planeten Erde bewohnt, sich wechselseitig als Freie und Gleiche anerkennen. Erst dann wird Freiheit für alle ermöglicht. Die gute Idee der Geschwisterlichkeit muss aus dem Ideenhimmel auf die Erde gebracht werden. Und dies geschieht durch das Recht der Mutter Erde, dem Recht der Tiere und Pflanzen, dem Recht alle Menschen. Sie begründen eine universale Rechtsgemeinschaft. Denn wir Menschen leben nicht auf einem Planten – wir sind sein Teil. Die **allgemeine Erklärung der Menschenrechte von 1948 muss deshalb ergänzt werden durch eine Allgemeine Erklärung der Rechte der Mutter Erde.** Die Mutter Erde ist ein Subjekt mit eigenen Rechten – das meint mit guten Wünschen und der Einladung zum Austausch

Hartmut Steeb, Stuttgart, **Lebendige Gemeinde**
Interreligiöses Gespräch Zoom 26.11.2022
Die Bedeutung von Jesus für den Frieden in der Welt
» Ich wünsche mir einen internationalen Wertewettbewerb«

… Wenn wir über die Bedeutung von Jesus für den Frieden in der Welt nachdenken, dann ist es eben wichtig zu wissen, dass er selbst in einer friedelosen Welt geboren ist, politisches Asyl brauchte und das natürliche schwere Leben kannte und durchlebte.

Schon mit der öffentlichen Bekanntgabe der Geburt von Jesus wurde auch die Heilsabsicht Gottes für diese Welt bekannt. Im Lukasevangelium des Neuen Testaments ist uns von den Engeln berichtet, die als erstes diese Nachricht Hirten brachten und dabei das Lob anstimmten: »Ehre sei Gott in der Höhe und Friede auf Erden und den Menschen ein Wohlgefallen«.

Warum ist Jesus von seiner ersten Stunde an solch ein Friedensbringer? Die Bibel, die Heilige Schrift Gottes, stellt uns das Weltgeschehen dar und die besondere Stellung des Menschen inmitten dieser Welt, als Teil der Schöpfung Gottes … Die Welt, so wird uns am Anfang der Bibel gesagt, ist die gute Schöpfung, die der kreative Gott geschaffen und gestaltet hat. Die Schöpfung ist gut, auch die Erschaffung aller Lebewesen … der Mensch, den Gott als sein Ebenbild geschaffen hat. Im Gebetbuch des Volkes Israel und der Christen, im sogenannten Psalter, erklingt das in Psalm 8 vom Menschen »Du hast ihn wenig niedriger gemacht als Gott. Du hast ihn mit Ehre und Herrlichkeit gekrönt.« Aber dann kam der Super-GAU. Der größte möglich anzunehmende Unfall. … Dieser Mensch hat sich aus seiner Gottesbeziehung herausgelöst. Seine Freiheit hat er genutzt, um die Herrschaft Gottes über seinem Leben abzuschütteln. Und als Folge davon gab es Mord und Totschlag, Unfreiheit, Krankheit und Tod. Die Harmonie unter den Menschen wich der Disharmonie, der Frieden wich dem Krieg, die Liebe zueinander wich dem Hass, dem Neid, der Zwietracht. Wenn der lebendige Gott nicht mehr auf dem Thron akzeptiert wird … Dann entbrennt einer gegen den anderen. Der Egoismus mit all seinen furchtbaren Ausprägungen ist eine Folge des sogenannten Sündenfalls. Einer der eher modernen Theologen, **Schleiermacher**, dessen Ausführungen ich sonst meist nicht folge, hat das so ausgedrückt: »**Humanität ohne Divinität wird zur Brutalität**«. Ich übersetze frei: Menschlichkeit ohne Gottesbezug wird zur Unmenschlichkeit. Oder wie es vor einiger Zeit der Linke-Politiker Gysi etwa so zum Ausdruck gebracht hat: »Ich glaube nicht an Gott. Ich bin kein gläubiger Christ, aber mir graut es vor einer Welt ohne Gott!«

Die Rebellion gegen Gott ist die Ursünde, die Schuld. Und – das wissen wir doch alle aus dem täglichen Leben – Schulden müssen irgendwann bezahlt werden. Darum ist die frohe Botschaft, das Evangelium, dass Gott selbst dafür gesorgt hat, dass sein Sohn, Jesus Christus, durch seinen Kreuzestod die Schuld der Menschheit bezahlt hat. Der Friede, den Jesus bringt, ist darum zuerst der Friede mit Gott, die Versöhnung zwischen Gott und Menschen. Durch ihn kann aus Disharmonie wieder Harmonie werden, aus Krieg Frieden, aus Streit Versöhnung.

In diesen Tagen neigen die Kirchen dazu, sich als vorpolitische Nichtregierungsorganisationen mit moralischen Appellen an die Öffentlichkeit zu wenden und mitzumischen im Klein-Klein der Vorschläge um eine vielleicht ein wenig bessere Welt, besseres Klima, gerechtere Verteilung von Impfstoffen und wie die Themen der Welt alle lauten. Aber die wirklich christliche Botschaft ist eine andere:

Wir verkündigen das Heilsangebot Gottes. Jesus Christus der lebendige Gottessohn, nimmt die Schuld und Sünde unseres Lebens auf sich. Er stirbt für uns. Und seine Auferweckung durch Gott ist sozusagen die Quittung dafür, dass die Schuldrechnung unseres Lebens bezahlt ist. Nun gibt es wieder Versöhnung zwischen Gott und Mensch. Und das hat dann auch enorme Auswirkungen für den Frieden untereinander. Denn **wirkliche Veränderung der Verhältnisse geht nur über die Veränderung der Herzen.** Die christliche Aufgabe ist es, dass wir die Botschaft der Versöhnung sagen. Das ist dann nicht in erster Linie politisch, hat aber enorme politische Auswirkungen, denn – wer mit Gott versöhnt ist, versöhnt sich auch mit seinen Nächsten – wer die Liebe Gottes erfahren hat, gibt mit Engagement die erfahrene Liebe weiter – wer so Gottes Gnade erfahren hat, geht auch gnädig mit seinen Mitmenschen um, auch mit den Verantwortlichen in Politik, Wirtschaft und Gesellschaft. So kann Frieden werden!

Und so hat Jesus auch in den Tagen seines Lebens auf dieser Welt gepredigt und gelebt. Und Christen dürfen ihm auch darin nachfolgen, ganz wörtlich. **Die Zehn Gebote des Alten Testaments** sind schon durchweg Gebote, **die auch als konkrete Friedensschritte verstanden werden können.** Ich nenne nur beispielhaft:

»Ich bin der Herr, dein Gott. Du sollst keine anderen Götter haben neben mir.« Da ist klar, dass Gott der Herr ist und nicht die Menschen sich zu Gott aufschwingen können und dürfen. Das gibt auch eine natürliche Selbstbescheidung und Relativierung politischer Macht.

»Du sollst den Feiertag heiligen.« Das hilft zur Atempause, zur Entstressung und damit auch zum Frieden.

»Du sollst deinen Vater und deine Mutter ehren.« Der Friede zwischen den Generationen ist ein wesentlicher Baustein des gelingenden friedlichen Miteinanders.

»Du sollst nicht töten.« Das ist ein Nein zum persönlichen Töten. Aber wenn es allen gilt, dann doch auch der staatlichen Gemeinschaft. Das bedeutet nichts weniger als **Gewaltverzicht**, um irgendwelche eigene Ziele zu erreichen. Die Sondersituation der Notwehr – privat und staatlich – lasse ich jetzt mal bewusst außen vor. Das ist ein eigenes Thema.

»Du sollst nicht ehebrechen.« Wieviel Mord und Totschlag, im buchstäblichen und im übertragenen Sinne gibt es gerade wegen der Untreue in der Partnerschaft?

»Du sollst nicht stehlen.« Ein wirkliches Gebot zum friedvollen und harmonischen vertrauensbildenden Miteinander.

»Du sollst nicht falsch Zeugnis reden wider deinen Nächsten.« Man sagt ja landläufig, dass das erste Opfer in Kriegszeiten die Wahrheit sei. Das ist leider wahr! Darf man dann nicht auch im Umkehrschluss sagen, dass Friede beginnt, wenn die Wahrheit gesagt wird und man wahr, offen, ehrlich, neudeutsch »authentisch«, miteinander umgeht?

»Du sollst nicht begehren…« Der Neid ist die Wurzel allen Übels. Und diese 10 Gebote hat Jesus in der sogenannten Bergpredigt zugespitzt und deutlich gemacht, dass z.B. der Totschlag schon mit den Gedanken im Herzen beginnt. Dem könnte man jetzt im einzelnen Nachdenken.

Ich fasse zusammen und sage: Jesus ist wirklich der Friedefürst – das ist sicherlich ein besonders biblischer Ausdruck … Und wenn selbst die Mächtigsten in dieser Welt akzeptieren würden, dass Gott über ihnen steht, würde das ihre Macht und ihren Machtwillen in guter Weise relativieren. Meine Überzeugung ist, dass die biblisch-christlichen Maßstäbe für diese Menschheit die besten sind. **Ich wünsche mir einen internationalen Wertewettbewerb.** … Dann sollten wir darüber ins Gespräch kommen. Ich bin gespannt, wer mehr bieten kann als Frieden zwischen Gott und Mensch und dadurch dann auch zwischen Mensch und Mensch und letztlich auch zwischen Menschen und der Schöpfung Gottes.

Pfarrer Wolfgang Wagner (Seite 7)

Pfarrer Alfred Wohlfeil, Christengemeinschaft Stuttgart, November 2022

Steiner, Rudolf: Die Philosophie der Freiheit. Grundzüge einer modernen Weltanschauung. Seelische Beobachtungsresultate nach naturwissenschaftlicher Methode. Dornach (CH). Rudolf-Steiner-Verlag, 1958, S.115
»Wie ist aber ein Zusammenleben der Menschen möglich, wenn jeder nur bestrebt ist, seine Individualität zur Geltung zu bringen? Damit ist ein Einwand des falsch verstandenen Moralismus gekennzeichnet. Dieser glaubt, eine Gemeinschaft von Menschen sei nur möglich, wenn sie alle vereinigt sind durch eine gemeinsam festgelegte sittliche Ordnung. Dieser Moralismus versteht eben die Einigkeit der Ideenwelt nicht. Er begreift nicht, daß die Ideenwelt, die in mir tätig ist, keine andere ist, als die in meinem Mitmenschen. Diese Einheit ist allerdings bloß ein Ergebnis der Welterfahrung. Allein sie muß ein solches sein. Denn wäre sie durch irgend etwas anderes als durch Beobachtung zu erkennen, so wäre in ihrem Bereich nicht individuelles Erleben, sondern allgemeine Norm geltend. Individualität ist nur möglich, wenn jedes individuelle Wesen vom andern nur durch individuelle Beobachtung weiß. Der Unterschied zwischen mir und meinem Mitmenschen liegt durchaus nicht darin, daß wir in zwei ganz verschiedenen Geisteswelten leben, sondern daß er aus der uns gemeinsamen Ideenwelt andere Intuitionen empfängt als ich. Er will seine Intuitionen ausleben, ich die meinigen. Wenn wir beide wirklich aus der Idee schöpfen und keinen äußeren (physischen oder geistigen) Antrieben folgen, so können wir uns nur in dem gleichen Streben, in denselben Intentionen begegnen. Ein sittliches Mißverstehen, ein Aufeinanderprallen ist bei sittlich freien Menschen ausgeschlossen. Nur der sittlich Unfreie, der dem Naturtrieb oder einem angenommenen Pflichtgebot folgt, stößt

den Nebenmenschen zurück, wenn er nicht dem gleichen Instinkt und dem gleichen Gebot folgt.

Leben in der Liebe zum Handeln und Lebenlassen im Verständnisse des fremden Wollens ist die Grundmaxime der freien Menschen. Sie kennen kein anderes Sollen als dasjenige, mit dem sich ihr Wollen in intuitiven Einklang versetzt; wie sie in einem besonderen Falle wollen werden, das wird ihnen ihr Ideenvermögen sagen. **Läge nicht in der menschlichen Wesenheit der Urgrund zur Verträglichkeit**, man würde sie ihr durch keine äußeren Gesetze einimpfen! Nur weil die menschlichen Individuen eines Geistes sind, können sie sich auch nebeneinander ausleben. Der Freie lebt in dem Vertrauen darauf, daß der andere Freie mit ihm einer geistigen Welt angehört und sich in seinen Intentionen mit ihm begegnen wird. **Der Freie verlangt von seinen Mitmenschen keine Übereinstimmung, aber er erwartet sie, weil sie in der menschlichen Natur liegt.** Damit ist nicht auf die Notwendigkeiten gedeutet, die für diese oder jene äußeren Einrichtungen bestehen, sondern auf die Gesinnung, auf die Seelenverfassung, durch die der Mensch in seinem Sich-Erleben unter von ihm geschätzten Mitmenschen **der menschlichen Würde am meisten gerecht wird.**«

Die Philosophie der Freiheit ist für mich seit vielen Jahren Grundlage für mein religiöses Leben. Zunächst entschlüsselt Rudolf Steiner das Geheimnis der menschlichen Erkenntnis, indem er herausarbeitet, dass der Mensch im Erkennen nicht nur Gedanken empfängt, sondern zugleich der eigentlich Tätige ist. Er kann im Erkenntnisakt selbst in der lebendigen Ideenwelt sich bewegen und so auch die moralischen Ideale erkennen und sich entsprechend im Alltagsleben danach richten. Hier ist einerseits der Freiheitsimpuls in seiner reinsten Form tätig, zugleich erlebt der Einzelne sich in seinem Erkenntnisprozess als Teil der göttlich-geistigen Welt. Dies wird er auch seinem Mitmenschen zugestehen, wie oben beschrieben, das heißt im sozialen Leben wird er darauf bedacht sein, in seinem Mitmenschen auch dessen spirituellen Kern zu suchen und zu achten, unabhängig von dessen kulturellen oder religiösen Herkunft.

Prof. Dr. Werner Zager , Worms, Präsident vom Bund für Freies Christentum, 17. 2.2022
Gedanken zur Ethik der »Ehrfurcht vor dem Leben«

Albert Schweitzer definiert **Ethik als »ins Grenzenlose erweiterte Verantwortung gegen alles, was lebt«.** Wer Ehrfurcht vor jedem Geschöpf empfindet, kann nicht guten Gewissens sein eigenes Leben als wertvoller als das anderer Menschen halten. Die Ethik der Ehrfurcht vor dem Leben duldet keine faulen Kompromisse: Sowohl der Tier- und Pflanzenwelt als auch dem ungeborenen menschlichen Leben müssen wir mit Ehrfurcht begegnen. Nicht nur der ältere Mensch, auch der kranke, der behinderte, der straffällig gewordene hat ein Recht auf die volle Achtung seiner Personenwürde. Wer in unserem Land Hilfe und Unterstützung braucht, darf sich nicht an seiner Nationalität, Weltanschauung oder politischen Einstellung entscheiden, sondern allein an seiner Bedürftigkeit, das heißt an seinem Recht, menschenwürdig zu leben.

Wer also das ethische Prinzip der Ehrfurcht vor dem Leben, die beiden grundsätzlichen Bestimmungen von Gut und Böse ernst nimmt – wie Schweitzer sie formuliert: »Gut ist, Leben erhalten, Leben fördern, dem Leben, das entwickelbar ist, zu voller Entwicklung zu verhelfen. Böse ist, Leben zerstören, dem Leben Leiden bringen, es in seiner Entwicklung hemmen.« –, wer erkannt hat, dass jedes andere Geschöpf Willen zum Leben in sich trägt, und »dass dieser andere Wille zum Leben, wie der meinige, Angst vor Vernichtung und Schmerz und Sehnsucht nach Freude und Glück hat«, spürt deutlich, dass diese Ehrfurchtsethik den einzelnen Menschen nicht mehr in Ruhe lässt, sondern ihn in die Pflicht nimmt, das Gute auch im ganz alltäglichen, persönlichen Leben zu verwirklichen.

Wohl bleibt dem Menschen die Entscheidung überlassen, »was er von seinem Leben für sich behält und was er an andere dahinzugeben hat«. Diese Möglichkeit aber, sich selbst für das Gute entscheiden zu können, schwächt den Anspruch nicht ab, sich für das Gute entscheiden zu müssen. Der absolut ergehende ethische Anspruch, das Gute zu verwirklichen, duldet keine Kasuistik, mit der man sich seiner unbedingten Verantwortung entziehen könnte. Im Bild gesprochen:
»Mit rastloser Lebendigkeit arbeitet die Ehrfurcht vor dem Leben an der

Gesinnung, in die sie hineingekommen ist, und wirft sie in die Unruhe einer niemals und nirgends aufhörenden Verantwortlichkeit hinein. Wie die sich durch die Wasser wühlende Schraube das Schiff, so treibt die Ehrfurcht vor dem Leben den Menschen an.«

Die Radikalität der Ehrfurchtsethik zeigt sich darin, dass sie kategorisch die Unterscheidung zwischen wertvollem und wertlosem Leben ablehnt. Zwar räumt sie ein, dass zu medizinischen Zwecken und zur Ernährung des Menschen Tiere getötet werden dürfen – wenn auch nur im unbedingt notwendigen Maße und auf möglichst schmerzfreie Weise. Prinzipiell gilt es aber, »allem Willen zum Leben die gleiche Ehrfurcht vor dem Leben entgegenzubringen wie dem eigenen«.

Für uns heute heißt das: Wir werden darauf zu achten haben, weniger Fleisch zu verzehren, Tiere, die uns mit lebenswichtigen Nahrungsmitteln wie Milch, Eiern und Fleisch versorgen, artgerecht zu halten, artgerecht zu füttern und jederzeit human, d.h. als lebendige Geschöpfe Gottes und nicht als seelenlose Dinge zu behandeln – ja selbst dann noch, wenn wir sie töten müssen. Medizinische Versuche an Tieren werden wir nur dann noch verantworten können, wenn sie unabdingbar sind und in einer solchen Weise durchgeführt werden, dass den Tieren keine unnötige Qual bereitet wird.

Was Schweitzer als Philosoph mit »Ehrfurcht vor dem Leben« meint, kann er als Christ und Theologe mit Jesu Doppelgebot der Liebe ausdrücken, wobei er allerdings die Nächstenliebe auf die Kreatur insgesamt ausdehnt:

»Worauf es heute in der ganzen Welt ankommt, ist, dass wir alle erkennen, dass Gott die Liebe ist und dass er von uns verlangt, dass wir in der Liebe wandeln sollen. Ohne die Liebe ist alle Erkenntnis und alle Frömmigkeit des wahren Wertes beraubt. Das wahre Wissen von Gott besteht darin, dass wir erleben, dass er den Geist der Liebe in unser Herz gelegt hat und dass die Seligkeit darin besteht, dass wir uns von diesem Geiste führen lassen und damit Gottes Kinder werden. Und nicht nur mit den Menschen, sondern mit allen Geschöpfen sollen wir in Gütigkeit und Mitleid verfahren.«

Albert Schweitzers Ethik der Ehrfurcht vor dem Leben zielt auf einen weltweiten und umfassenden Konvivialismus, der nicht nur Menschen jeglicher Religion und Weltanschauung einschließt, sondern auch Tiere und Pflanzen. Dieses Ziel ist unser aller Anstrengung wert.

In solidarischer Erinnerung an unseren Henning Zierock, Tübingen (1951 – 11. Mai 2022)

Sein letztes Vermächtnis: ... «den Frieden gewinnen und nicht den Krieg« ... – »ganz aktuell Wesentliches zu Deinem Lebenswerk im Sinne Deiner und der GKF ›wertvollen Elemente‹ zum ›Einsatz für ein besseres Leben – Aufruf an Alle‹, dem Du zustimmen wolltest« (12.3.2022).

Manifest des Friedens – Für eine Friedensoffensive der Gesellschaft Kultur des Friedens, Tübingen, 16. März 2022

Wir fordern statt 100 Milliarden für Aufrüstung und Krieg – 100 Milliarden für den Frieden! Das wäre eine Zeitenwende vom Krieg zum Frieden. Wir fordern das Menschenrecht, in Frieden zu leben und Umbau der Militärbasen zu Friedenszentren.

Auf Grund des sich weiter zuspitzenden Krieg in der Ukraine ruft die Gesellschaft Kultur des Friedens (GKF) zu weiteren Aktionen und Kundgebungen auf. »Stoppt den Krieg in der Ukraine – Keine Ausweitung des Krieges« und keine weitere Aufrüstung für Militär und Kriegsvorbereitungen.

Der Ruf nach einer Flugverbotszone wird immer lauter und könnte zu einer direkten militärischen Konfrontation zwischen Russland und den NATO-Staaten führen und mit unabsehbaren Folgen eines Flächenbrandes. Einen atomarer Schlagabtausch gilt es von Anfang an zu verhindern. Die unter dem Krieg leidenden Menschen in der Ukraine würden noch mehr leiden und der Preis des Krieges würde immer höher getrieben. Der Atomwaffeneinsatz in Hiroshima und Nagasaki sind eine Mahnung für die Menschheit.

Viele Freiwillige melden sich jetzt zum Kriegseinsatz in der Ukraine.

Wann ziehen wir in den Frieden? Deeskalation und Vermittlung ist jetzt das Gebot der Stunde, weiteres Blutvergießen muss verhindert werden.

Wir fordern einen Waffenstillstand und Verhandlungen, die allen Menschen Sicherheit und Frieden in der Region bringt. »Stoppt den Krieg in der Ukraine – keine Ausweitung des Krieges«. Aufnahme aller Kriegsflüchtlinge.

Wir fordern das Menschenrecht auf Frieden, das in den Statuten der UN-Charta zu verankern ist: »Alle die Kriege propagieren, finanzieren, organisieren und durchführen, müssen zur Verantwortung gezogen werden.« Umbau der Militärstützpunkte in Friedenszentren.

Die Ressourcen in das Leben der Menschen und das Zusammenleben der Völker investieren.

Wir brauchen eine Logik des Friedens. Einen Gegenentwurf zu einer Welt des Krieges, der militärischen Aufrüstung, der Armut, Hunger, Krankheit, Zerstörung der Natur und der menschlichen Persönlichkeit. Die Entwicklung einer Kultur des Friedens.

Manifest für den Frieden, das u.a. von der Theologin Margot Käßmann, Musiker Konstantin Wecker, Journalist Franz Alt oder dem Rüstungskritiker Jürgen Grässlin unterzeichnet wurde.

Religionsverbindendes Friedensgebet 2022

Im Religionsverbindenden Friedensgebet am 7.9.2022 in Karlsruhe, angeregt und verantwortet von IGF Stuttgart, haben sich zu Wort gemeldet Hinduismus, Buddhismus, Judentum, Koptisch-Orthodoxe Kirche, Römisch-Katholische Kirche, Evangelische Kirche, Islam, Bahá'itum und Ezidentum.

Thematische Schwerpunkte wurden von den Religionen ausgeführt, als **»wertvolle Elemente**, entsprechend »Konvivialismus« (2014 bzw. 2020), siehe auch igfstuttgart.@web.de:

- Hinduistische Wachstumskritik – »fürsorgliche Mutter Erde« – dharmisches Handeln – Gewaltlosigkeit
- Innerer Frieden und Wertschätzung Anderer statt Hass und Gier – Weltfrieden
- Der Mensch – die Frau – die Jüdin – die Welt
- Friede Gottes – Gabe des Heiligen Geistes – basiert auf Gerechtigkeit – SALAM
- Neues Miteinander zum gerechten Frieden – »dem Chaos standzuhalten ohne verrückt zu werden« *Joana Macy*
- Neoliberalismus – Gemeinschaftsbeziehungen – neue Wege suchen
- Erschrecken – Leben statt viel haben – Liebe und tätige Hilfe – Fußstapfen des Friedens
- Einheit der Menschheit – Mangel an Erziehung – Spiritualität – neues Bewußtsein
- Gott Schöpfer und Ursprung allen Seins – Vernunft und Weisheit – Verbreitung von Sicherheit und Frieden

Zusammenfassung

Acht Weltreligionen und ein stimmungsvoll-würdiges musikalisches abrahamisches Trio geben ein überzeugendes spirituelles Beispiel für makroökumenische Vielgestaltigkeit im Rahmen eines heute mehr denn je anstehenden Religionsverbindenden Friedensgebets. Es ist unser Beitrag zur Ökumenischen Basis-Vernetzung Casa Común und zur 11. Vollversammlung des Ökumenischen Rates der Kirchen 2022. Friedlich und kritisch teilen wir unsere Glaubensüberzeugungen zu globalen Verwerfungen durch die dominante, die Welt bedrohende kapitalistische Wachstumsideologie und den Fortschrittsglauben. Als Ökumene der Weltreligionen fühlen wir uns mittels »Konvivialismus« verantwortlich für Versöhnung, Transformation und tiefgreifenden Wandel und Besserung unseres Zusammenlebens.

Aus dem offiziellen Handzettel des Religionsverbindenden Friedensgebets, 12 Seiten, wird anschließend der Gesamttext mit Beteiligung von acht Weltreligionen wiedergegeben und *die liturgische Begleitung kursiv hervorgehoben.*

Religionsverbindendes Friedensgebet
katholisches Stadtkloster St. Franziskus Karlsruhe
7. September 2022, 16.15 – 18 Uhr
im Rahmen der Ökumenischen Basis-Vernetzungsinitiative, Casa Común, aus Anlaß der 11. Vollversammlung des Ökumenischen Rates der Kirchen

Hinduismus: Yoganathan Putra, Sri Sitti-Vinayagar Hindutempel, Stuttgart – Bad Cannstatt, Sri Lanka, IGF Stuttgart

Buddhismus: Menlha-Zentrum Karlsruhe, Frau Kelsang Gogden

Judentum: Susanne Jakubowski, Stuttgart, Israelitische Religionsgemeinschaft Württemberg, Koordinatorin Rat der Religionen Stuttgart

Koptisch-Orthodoxe Kirche: S.E. Bischof Anba Damian, Höxter-Brenkhausen

Römisch-Katholische Kirche: Lic. theol. Peter Schönhöffer, Ingelheim

Evangelische Kirche: Christine Müller, Leipzig, Evangelisch-Lutherische Landeskirche Sachsens

Islam: Ali und Cäcilia Demir, Stuttgart, Religionsgemeinschaft Islam in BW e.V., IGF Stuttgart

Bahá'itum: Roswitha Balogun, Bahá'i-Gruppe Leimen

Ezidentum (Jesiden): Hatab Omar, Ezidische Akademie Hannover

Liturg: PD. Dr. med. Ulrich Börngen, Stuttgart, IGF Stuttgart

Die musikalische **Klezmer-Umrahmung** erfolgt interreligiös durch das **Abrahamische Trio** mit Irith Gabriely (Klarinette) Haifa, Abuseyf Kinik (Sass) Anatolien und Hans-Joachim Dumeier (Orgel) Michelstadt, www. irith-gabriely.com

Thematisch steht im Vordergrund:
»**Unterwegs zu Versöhnung und Einigung der Welt und für gesellschaftlichen Zusammenhalt**« … – wir fügen hinzu: **durch Gerechtigkeit, Frieden und Bewahrung der Schöpfung statt ›einander niederzumetzeln … besseres Zusammenleben‹**
– **Hinweis auf** »**Konvivialismus**«
Dies bedeutet unsere **Antworten der verschiedenen Weltreligionen insbesondere auf Wachstumsideologie und Fortschrittsglauben, auf die lokalen und weltweiten Zerstörungen unserer Zeit,** zunehmende Fehlentwicklungen, geradezu Pervertierung praktisch aller Lebensbereiche, und auf »**Konvivialismus**« (Börngen 2020).

Abrahamisches Trio: Friede und Shalom mit Klarinette, Orgel und Percussion

Begrüßung: Ulrich Börngen
… IGF Stuttgart, Interreligiöse Gemeinschaft für Frieden, … [ist unseren] muslimischen Freunden, Ehepaar Demir, dankbar, daß sie unsere Homepage, bis 2015, jetzt aktualisiert haben: www.igfstuttgart.de.
*Wir haben uns **von 1990 bis 2015** regelmäßig getroffen, Vertreter meist von mindestens 6 Weltreligionen. Wir haben gern dieses Religionsverbindendes Friedensgebet ausgerichtet, besonders wegen des Hauptthemas von Casa Común: Kapitalismuskritik, und von der 11. Vollversammlung des ÖRK: Unterwegs zu Versöhnung und Einigung der Welt und für gesellschaftlichen Zusammenhalt.*

Wir sind jetzt nur noch eine Restgruppe. **So gedenken wir an dieser Stelle an unsere Verstorbenen,** *an die viele Jahre treuen Mitarbeiterinnen und Mitarbeiter, insbesondere an das jüdische Ehepaar Jan und Ina Jakubowski, s.A., unsere Buddhistin Hedwig Lauckner, unsere Bahá'i Sigrid Barz und unseren katholischen Pfarrer Hermann Benz.*

Ich begrüße alle hier aus der Gemeinde des Stadtklosters und alle Casa-Común- sowie ÖRK-Teilnehmer, alle Anwesenden aus Karlsruhe und Umkreis. Besonders begrüße ich unsere aktiven Teilnehmer, die aus Stuttgart, Karlsruhe, Leimen und Ingelheim kommen, bis hin nach Leipzig, Höxter und Hannover und unser Abrahamisches Trio unter Frau Irith Gabriely ... **Das Herkommen ist schon großartig, aber fast noch wertvoller und bedeutender ist, daß mir alle ihre Texte rechtzeitig vorgelegt haben, sodaß ich sie in diesem ansehnlichen Handzettel aufnehmen konnte.** *Ganz herzlichen Dank dafür! Dies hat sich uns immer besonders bewährt zum Mitlesen, zum nach Hause-Mitnehmen und zum Nachlesen und Weiterreichen. Sie können ihn gern kostenlos mitnehmen und dies vielleicht besonders bei der Kollekte berücksichtigen.*

Wir freuen uns, daß uns **vier Grußworte** *zugegangen sind, hier z.T. gekürzt wiedergegeben, zuerst von der* **Pastoralreferentin der Gemeinde,** *Simone Zimmermann:* vom Stadtkloster St. Franziskus, Karlsruhe: »Die Römisch-Katholische Kirchengemeinde Karlsruhe Alb-Südwest St. Nikolaus heißt Sie ... recht herzlich willkommen ... Möge Gott, der uns den Frieden lehrt, uns auch einen Weg zeigen, menschliche Gewalt in Liebe zu verwandeln und Gerechtigkeit zu schaffen. **Beten wir gemeinsam darum, dass er uns den Weg zum besseren Zusammenleben und zum Frieden zeigt.**«

Diese spontane ökumenische Gemeinsamkeit von katholischer Basis ist schon wunderbar und bemerkenswert, auf evangelischer Seite vielfach undenkbar.

Drei weitere bemerkenswerte Grußworte sind auf der letzten Seite aufgeführt.
von Dr. Margot Käßmann, Theologin, Berlin
 Dr. Yuval Lapide, z.Zt. Jerusalem
 Jean Ziegler, Sonderbotschafter der UN aD

Wir beginnen mit einem Bekenntnis, einer Verheißung und einer Hoffnung:
»Im Namen des allmächtigen, gnädigen und mitfühlenden Gottes«

*Es hat für mich seit 2002 ganz große Bedeutung. Es hat in der Tat einen besonders religionsverbindenden Charakter und stammt von der historischen **Alexandria-Erklärung 2002**, einer gemeinsamen Erklärung von Juden, Christen und Muslimen zum Frieden in Nahost, einer »Ersten Erklärung der religiösen Führer des Heiligen Landes« vom 21.1.2002 in Alexandria.*

Die bedeutenden Persönlichkeiten, die das unterschrieben haben, sind aufgeführt:

Erzbischof von Canterbury – Sephardischer Oberrabbiner von Israel, Stellvertretender Außenminister des Staates Israel – Lateinischer Patriarch, Melkitischer Erzbischof, Anglikanischer Bischof und Repräsentanten des Griechischen und Armenischen Patriarchats von Jerusalem – Oberster Richter der Sharia-Gerichtshöfe, Minister der Palästinensischen Autonomiebehörde sowie Groß-Sheikh und Rektor der Al-Azhar Universität in Kairo.

*Diese Formulierung ist für uns ein Meilenstein auf unserem Weg zu einer »Ökumene der Weltreligionen«. Wir beziehen uns dabei insbesondere auf Heinz Zahrnt und sein Buch von 1994 »Mutmaßungen über Gott«, Kapitel 8: Vom Absolutheitsanspruch zum interreligiösen Dialog, Weltverantwortung – Ökumene der Weltreligionen. Dies alles ist keine Religionsvermischung, kein Synkretismus und wir wollen auch keine Einheitsreligion, sondern Einheit in Vielfalt innerhalb unserer persönlichen Identität **und** gemeinsam Wahrnehmung von Weltverantwortung.*

Diese trialogische Gemeinsamkeit und das Bündnis steht allen offen, die »guten Willens« sind.

*Nun eine **ZEITANSAGE von 1978**, eine Psalmmeditation, 45 Jahre alt, heute genau so aktuell wie damals und eigentlich das Übel unserer Zeit, von uns selbst und der Menschheit!*

Wir haben Gott klein gemacht

Wir haben Gott klein gemacht

Unsere Gehirne begrenzen sein Maß. Unser Urteil schalten wir ihm vor. Unser Wille weicht seiner Wahrheit aus. Unsere engen Herzen sperren ihn ein. Unsere Interessen machen ihn nützlich.
Wir haben Gott klein gemacht
Unser Denken macht ihn zu Theologie. Unsere Gebete schreiben ihm Benehmen vor. Unsere Predigten reden an ihm vorbei. Unsere Liturgien machen ihn zur Legende. Unsere Frömmigkeit macht ihn bürgerlich.
Wir haben Gott klein gemacht
Er paßt nicht in unsere Montagehallen. Er darf nicht entscheiden in den Redaktionen. Er soll nicht hineinreden in unsere Büros. Er darf nicht mitmischen in unseren Labors. Er soll nicht lehren in unseren Schulen.

Gott aber bleibt Gott
Gegen uns und so für uns. Namen machen ihn bekannt: Herrlich, ewig, mächtig, furchtbar, schrecklich und gnädig ist er.
»Das Erdreich erschrickt und wird still, wenn Gott sich aufmacht zu richten, daß er helfe allen Elenden auf Erden«.

Gott sei Dank, daß er Gott bleibt, gegen uns und so für uns.

Aus: Johannes Hansen: Nach dem Dunkel kommt ein neuer Morgen. Über Psalm 76, Kawohl **1978**, S. 42

Nach jedem Beitrag und Gebet zündet der Vortragende eine Kerze an.

Hinduismus
Hinduistische Wachstumskritik – »Fürsorgliche Mutter Erde« – dharmamisches Handeln – Gewaltlosigkeit

Das Menschenbild der modernen Wirtschaft ist allein der Mensch, der Profit erwirtschaftet. Alle Handlungen eines Menschen beruhen demnach auf der Überlegung, was für ihn maximalen Gewinn einbringt. So geben Regierungen, um Großprojekte zu bauen, in Indien wie in Deutschland, z.B. Stuttgart 21, riesige Summen aus. Das ist unverantwortlich und nicht dharmisch.

Der Hinduismus kritisiert vor allem das Menschenbild dieser einseitigen Fokussierung. Nach hinduistischer Überzeugung wird der Mensch dagegen nur dann glücklich, wenn er das »Dharma« erfüllt. Dharma – das bezeichnet eine ewige, **präexistente überzeitliche kosmische Ordnung**, zugleich auch eine Philosophie, die zu Handeln führt. Dabei liegt die Verantwortung zuallererst beim Einzelnen selbst. Wir unterscheiden:

Dharmam. Sie gilt als kosmische Ordnung **mit moralischen oder rituellen Pflichten gegenüber Mensch, Tier, Pflanzen und vor Gott**, erfüllbar durch das Leben und Taten. **Dies bedeutet** auch **wirtschaftliche Gerechtigkeit, gute Taten unter einem Gleichgewicht zwischen Armut und Reichtum, gleiche Chancen für alle, die Befolgung heiliger Gesetze und ein moralisches Verhalten sich selbst, der Familie und der Gesellschaft gegenüber.** Und Karmam. Karmam bedeutet Gesetz der Aufrechnung der Taten und beinhaltet die Konsequenzen des Handelns eines Individuums in diesem oder einem vorangegangenen Leben. Es kann durch eigenes gutes und selbstloses Handeln beeinflusst werden, durch sog. »Pluspunkte«.

Plus-Punkte sind konkret

Gewaltlosigkeit/Ahimsa (Nicht töten) - **Nimm nicht, was dir Gott nicht gegeben hat** (Nicht stehlen) - **Weg von Materialismus** (Nicht mehr haben als benötigt) – **Wahrhaftigkeit** (Nicht lügen) - **Spirituelles Leben** (Nicht Meiden von wahrer Liebe gegen Gottes Willen)

Über Natur und Glück: Die Erde lehrt mich Geduld und Großzügigkeit. Der Ozean lehrt mich, trotz Sturm derselbe zu bleiben. Das Feuer lehrt mich, mich selbst hinzugeben, auf dass ich hell leuchte. Die Luft lehrt mich, wie viel Reinheit für eine gute Gesundheit nötig ist. Der Himmel lehrt mich, über allem zu stehen und gleichzeitig alle Dinge zu umarmen. Der Mond lehrt mich, dass das Selbst erhalten bleibt, auch wenn sich die Erscheinung ändert. Die Sonne lehrt mich, dass ein strahlendes Gesicht sich in allen glatten Oberflächen zurückspiegelt. *AUS DER VEDA*

Geistige Hindu-Führer haben für die Versammlung des Parlaments der Weltreligionen in Melbourne, Australien, am 8. Dezember **2009***, eine* **Erklärung zum Klimawandel** abgegeben. Diese erneuert die traditionelle religiöse Ansicht von der »fürsorglichen Mutter Erde« und die **Verpflichtung aller**

Menschen, Verbrauch, Wünsche und Verhaltensweisen zu kontrollieren, die sich negativ auf die gelebte Umwelt auswirken.

Das tägliche Gebet: **Ich will bei der Wahrheit bleiben. Ich will mich keiner Ungerechtigkeit beugen. Ich will frei sein von Furcht. Ich will keine Gewalt anwenden. Ich will guten Willens sein gegen Jedermann.**
MAHATMA GANDHI

Ein Gebet aus der Frühzeit des Hinduismus, etwa 600 vor Christus:
Oh Gott, laß der nötigen Dinge genug sein,
damit alle Lebewesen ohne Sorgen leben können.
Oh Gott, laß die Regierenden menschlich regieren,
damit alle Menschen gleichwertig sein können.
Oh Gott, laß die Welt ein religiöses Leben führen,
damit die Weltbevölkerung Erlösung bekommen kann.

Buddhismus
Innerer Frieden und Wertschätzung anderer statt Hass und Gier – Weltfrieden

Der Buddhismus im allgemeinen und insbesondere der Kadampa-Buddhismus ist dem Weltfrieden gewidmet. Sein Ziel ist es, **Menschen zu helfen, ihren unkontrollierten Geist der Wut, Anhaftung oder Gier und Verwirrung oder Gleichgültigkeit zu überwinden** und dadurch immer tiefere Ebenen von inneren Frieden in sich zu entwickeln. Ohne innerer Friede ist äußerer Friede unmöglich.

Geshe Kelsang Gyatso – der Gründer der Neuen Kadampa Tradition – sagt:
Die beste Methode, Frieden sowohl in der Welt wie in seinem eigenen Geist zu erschaffen, ist, zu lernen, andere wertzuschätzen. Wenn jeder aufrichtig versucht andere Lebewesen wertzuschätzen, dann wird uns das nach und nach gelingen. Die Welt wird dann dauerhaft im Frieden sein und reines, immerwährendes Glück wird die ganze Welt durchdringen. Es heißt, dass es einen magischen Kristall gibt, der die Kraft hat jede Flüssigkeit zu reinigen, in die man ihn legt. Menschen, die alle Lebewesen wertschätzen,

sind wie dieser Kristall. Durch ihre bloße Gegenwart entfernen sie Negativität aus der Welt und geben Liebe und Güte zurück.

Meditation über Wertschätzung anderer

Wir können darüber nachdenken, dass all unsere täglichen Bedürfnisse wie Essen, Wohnung, Arbeit, emotionale Unterstützung, Freizeit, Urlaub usw. nur im Teamwork mit anderen erfüllt werden können und erfüllt wurden.

Dann können wir denken:

Wir benötigen andere für unser körperliches, emotionales und spirituelles Wohlergehen. Ohne andere Lebewesen sind wir nichts. Unser Gefühl eine Insel, ein unabhängiges, autarkes Individuum zu sein, hat nicht im Geringsten mit der Wirklichkeit zu tun. Die Vorstellung, eine Zelle im unermesslichen Körper des Lebens zu sein, die zwar individuell und doch innig mit allen Lebewesen verbunden ist, kommt der Wahrheit schon näher. Ohne andere können wir nicht leben und sie wiederum sind von allem, was wir tun, betroffen. Der Gedanke, dass es möglich ist, unser eigenes Wohl zu sichern, während wir das der anderen vernachlässigen oder es sogar auf ihre Kosten geht, ist gänzlich unrealistisch.

Ehrwürdiger Geshe Kelsang Gyatso Rinpoche

In dem wir über die unzähligen Arten nachdenken, wie andere uns helfen, sollten wir einen festen Entschluss fassen: »**Ich muss alle Lebewesen wertschätzen**, weil sie so gütig sind.« Aufgrund dieses Entschlusses entwickeln wir ein Gefühl der Wertschätzung, ein Gefühl, dass alle Lebewesen wichtig sind und dass ihr Glück und ihre Freiheit wichtig ist. Wir versuchen, unseren Geist einsgerichtet mit diesem Gefühl zu vermischen und es so lange wie möglich zu halten, ohne es zu vergessen.

Judentum
Der Mensch – die Frau – die Jüdin – die Welt

Der Mensch. Als Mensch stelle ich fest: **Wir sind mittendrin in der Zerstörung der Schöpfung.** Der Mensch, der nur ein Teil der Schöpfung ist, ist gerade dabei, sie und damit sich selbst zu zerstören, den Ast abzusägen, auf dem er sitzt.

Als Frau stehe ich hier und stelle fest, dass sich die Stellung der Frau nur in wenigen Teilen der Welt zum Besseren, sprich zu einer Gleichstellung mit der Stellung des Mannes entwickelt hat. Immer noch wird die Frau in vielen Teilen der Welt – obwohl sie die Hälfte der Menschheit darstellt – vom Manne als minderwertig bewertet, diskriminiert und versklavt. Immer noch sind Frauen Säure-, Brand- und Mordangriffen ausgesetzt, weil die vermeintliche Ehre eines Mannes oder einer Familie bedroht oder angeblich besudelt wurde. Stündlich werden Mädchen an ihren Genitalien verstümmelt.

Gott hat den Menschen nach seinem Abbild gleichermaßen männlich und weiblich erschaffen.

Als Jüdin verurteile ich jede Form des gruppenbezogenen Fremdenhasses, dessen älteste und tödlichste Abart der Antisemitismus ist. Jede Gesellschaft, die Antisemitismus in sich duldet, verfault von innen heraus.

Wir haben uns heute und hier zu einem Friedensgebet versammelt. Für mich persönlich ist es der russische Angriff auf die Ukraine, der mich dazu veranlasst hat. Ich wünsche mir sehnlichst, dass dieser Krieg aufhört und dieses sinnlose Blutvergießen zwischen Brudervölkern ein Ende findet. In einigen der Gemeinden, die Mitglieder des Stuttgarter Rates der Religionen sind, finden sich Russisch- wie auch Ukrainisch-Stämmige, die bisher vereint und friedlich zusammen gelebt, gemeinsam Gottesdienste – seien es christliche, muslimische oder jüdische – gefeiert und sich kulturell in unsere Stadtgesellschaft eingebracht haben. In Frieden und Einheit in Freiheit.

Wir sind stolz darauf, dass die Religionen sich einander verbunden fühlen und in gegenseitigem Respekt den anderen mit seinen Unterschieden akzeptieren. **Wir setzen auf unser friedliches und respektvolles Zusammenleben,** das ein schönes Beispiel ist und sein soll für die Ukraine, für Russland, Weißrussland, Europa. Und für die ganze Welt.

וימורמב סולש השוע
ונילע סולש השעי אוה
לארשי לכ לעו
העולם לכ לעו

זמא ורמאו

Oseh schalom bimromaw, hu ja'asse schalom alenu, we'al kol Israel – we al kol ha'olam. We'imru amen.

ER möge Frieden bringen in den Höhen, DER uns Frieden bringt, ganz Israel und der ganzen Welt. Und sagt Amen.

Koptisch-Orthodoxe Kirche
Friede Gottes – Gabe des Heiligen Geistes – segne alle Völker – SALAM

Lasst uns beten zu Gott, dem Allmächtigen,
dem Vater unseres Herrn, Gottes
und Erlösers Jesus Christus.
Wir bitten Dich und erflehen Deine Güte, O Du Menschenliebender.
Gedenke, O Herr, des Friedens Deiner einzigen, heiligen, universalen
und apostolischen Kirche.
Sie besteht von einem Ende der Welt bis zum anderen Ende.
Alle Völker und jede Herde segnest Du.
Den himmlischen Frieden lasse über all unsere Herzen kommen.
Ja, gewähre Du uns den Frieden der Weltzeit,
dem Präsidenten, den Soldaten, den Regierenden,
dem Volk,
unseren Nachbarn,
unsere Eingänge und unsere Ausgänge.

Erfülle alle mit Frieden.
O König des Friedens gib uns Deinen Frieden, denn Du hast uns alles gegeben.
Bemächtige Dich unser, O Gott, unser Erlöser, denn wir kennen keinen anderen
außer Dir.
Dein heiliger Name ist es, den wir aussprechen.
Schenke, dass unsere Seelen leben durch Deinen Heiligen Geist.
Lass den Sündentod keine Macht haben über uns, Deine Diener,

noch über Dein Volk.

Abrahamisches Trio: Improvisationen auf altisraelitisches Bauerngebet mit Klarinette und Saas, alevitische Gesänge aus Anatolien

Römisch-Katholische Kirche
Neues Miteinander zum gerechten Frieden – »dem Chaos standzuhalten ohne verrückt zu werden« *Joana Macy*

Was braucht die Welt und das Mensch-sein in diesen Zeiten wirklich? Und worin bündelt sich unser Ursprungsimpuls als katholische Christen? Und wie finden diese Dinge zusammen? Katholisch können wir sein, wenn wir **alles, was ist, mit Gott verbinden,** wenn wir nach dem paulinischen Kriterium das Beste von allem Aufbauenden prüfen und behalten. Es gilt, die Ankündigung des Reiches Gottes (annuncio) und die Aufkündigung der Gefolgschaft gegenüber allem, was Leben zerstört (denuncio) wirklich zu erobern – und dann mit Ritus, Rhythmus und »symphonisch« zugänglich zu halten für die vielen. Im Erwachen für die Schönheit der Welt, die in uns ist, die um uns ist und in der Gott geheimnisvoll zugegen ist, liegt Wahrheit.

Aktive Hoffnung und tätige Liebe erschaffen uns Gelegenheiten, Liebe zu entbinden, Größe und Stärke unserer Herzen zu weiten, unseren Scharfsinn und unsere Zielstrebigkeit zu schulen, die eigene natürliche Autorität, die Lebhaftigkeit unserer Neugier, den unerwartet tiefen Brunnen von Geduld und Sorgfalt, **an Konvivialismus und Tiefenökologie anzudocken mit der Wachheit unserer Sinne.** Nicht eines davon geschieht aus dem Lehnstuhl heraus oder ohne Risiko.

Wirkliche Mission gelingt einzig im Eingehen auf das Überfließen der unendlichen Liebe des dreieinigen Gottes. Heute beanspruchen Menschen an den Rändern der Gesellschaft, selbst Subjekte verwandelnder Mission zu sein. Diese Umkehrung der Rollen hat ein starkes biblisches Fundament, weil Gott die Armen, die Törichten und die Machtlosen (1. Kor 1,18-31) ausgewählt hat, um seine Mission der Gerechtigkeit und des Friedens voranzubringen, damit Leben in Fülle gedeihen kann. Der Weltkirchenrat fragt in diesem Zusammenhang zurecht weiter: Wie können wir die gute Nachricht und die Werte des Reiches Gottes auf dem globalen Markt verkünden, wie können wir den Geist des Marktes besiegen?

In den letzten Jahren wurden wir herauskatapultiert aus unserer Illusion von Sicherheit, in der wir es uns gemütlich gemacht hatten. Was jetzt durch eine Krise geht, ist nicht nur unser Selbstverständnis der Unverwundbarkeit, es ist unser Umgang mit Widrigkeiten. Wir kämpften als Herren der Schöpfung – und erschöpften uns immer mehr darin. Nun aber erkennen wir: Im Kern der Vielfach-Krisen handelt es sich um einen Versuch des Organismus Erde, ein verloren gegangenes Gleichgewicht wieder herzustellen. **Die Zerstörung der Seelen und der Biosphäre hat ihren gemeinsamen Ursprung in einem Bewusstsein der Trennung**, das unablässig bemüht ist, das Leben ohne den Tod, den Lohn ohne die Arbeit, die Identität ohne den Postkolonialismus zu bekommen. Wenn wir uns weiterhin nur darauf konzentrieren, die Symptome zu bekämpfen – Corona mit der Impfung, den Klimawandel durch CO_2-Einsparungen und grüne Technologien – werden die Einladungen immer lauter und deutlicher werden. Nun gilt es noch rechtzeitig katholisierend und kulturbildend zu antworten und bewegliche Praktiken und Liturgien »sozialer Liebe« sowie Anerkennung des anderen in seiner Andersheit zu formen. *Papst Franziskus*

Vater, führe uns heraus aus der Gravitation der Egozentrik, hinein in die Himmelweite des Betens. Christus Jesus, der entspiegelte See erst gibt den Blick frei in geheimnisblaue Tiefen. Heiliger Geist, leite uns an, den Grund zu finden, der selbst den Abgründen noch zu Grunde liegt; im Verstummen des Ich erwache das Ohr für der Liebe Du
Kleiner Bruder, Andreas Knapp 2019

Evangelische Kirche
Neoliberalismus – Gemeinschaftsbeziehungen – neue Wege suchen

»Die Verwüstungen durch das kapitalistische Weltsystem haben im wört-lichen Sinne epidemische Züge angenommen« heißt es im Aufruf zur Casa Común. »Wir leben heute in einer anderen Welt. Es ist eine Welt am Abgrund.«

Der Neoliberalismus stuft den Wert des Menschen nach dessen Finanz- und Wirtschaftskraft ein. Diese Anthropologie hat sich in den Geist aller

Menschen eingenistet und von unseren Sinnen und Träumen Besitz ergriffen. Derartige Definitionen des Menschseins haben Rassismus, Sexismus und andere Kategorisierungen, Formen gesellschaftlichen Ausschlusses und diskriminierende Verhaltensweisen zur Folge, eine Sünde wider Gott, die Menschen und die gesamte Schöpfung.

Die kapitalistische Gesellschaftsordnung tendiert dazu, alle gesellschaftlichen Beziehungen zu kommerzialisieren und in Waren umzuwandeln. Die ökonomische Abstraktion des Homo Oiconomius konstruiert den Menschen als ein von Natur aus unersättliches und ichbezogenes Wesen.

Wir bekennen vielmehr, dass das christliche Verständnis der menschlichen Person in **Gemeinschaftsbeziehungen** eingebettet ist, die **unter verschiedenen Namen wie z.B. Ubuntu, Sansaeng, Sumak Kawsay, oder Konvivialismus bekannt** sind. Gemeinschaftlich ändern wir unser Verhalten und pflegen einen Lebensstil, der Nachhaltigkeit zum Ziel hat. Doch wir wissen auch, dass sich leider damit politische und wirtschaftliche Machtstrukturen nicht verändern lassen. Aber wir nutzen die immer noch vorhandenen Möglichkeiten, Alternativen einzuüben für eine Zeit, die kommen wird, die aber auch schon angebrochen ist. Überall auf der Welt setzen sich Menschen in Bewegung.

Wir bleiben rastlos und zerrissen, bis Friede herrscht. Aber wir betrachten es als unsere Aufgabe zu kritisieren, anzuprangern, für andere einzutreten und Widerstand zu leisten, so wie wir auch verkündigen, ermächtigen, trösten, versöhnen und heilen. Wir werden unsere Stimme erheben, klagen und feiern, trauern und froh sein.

Mit Impulsen aus der São Paulo-Erklärung 2012

Gott, wir klagen dir unsere Unruhe. Verschleiert ist unser Blick, bedrückt unser Herz. Wir fühlen uns eingezwängt von unseren Sorgen: Sorgen um den Frieden, um das Wohl unserer Welt, um unsere Zukunft. Gott befreie unsere Seele, dass wir aufatmen können. Gott, du bist die Hoffnung für viele Menschen, die leiden in und an unserer Welt.

Wir bitten für alle Menschen, die unterdrückt, ausgebeutet und gedemütigt werden. Besonders bitten wir für die Opfer von Kriegen, Terror und Gewalt. Tröste sie, sei ihnen nahe, hilf ihnen, alles zu tun, was in ihrer Macht steht, um diese mörderischen Zustände zu überwinden.

Wir bitten für uns: um Mut und Kraft, zu widerstehen, Ungerechtigkeiten beim Namen zu nennen und für Gerechtigkeit und Frieden aufzustehen. Stärke alle, die Material, Geld, Zeit und Ideen zur Verfügung stellen, um die Welt zu verändern und so beginnen, den Traum von einer gerechten Welt und die Bewahrung der Schöpfung für alle in die Tat umzusetzen.

Dorothee Sölle (1990): »**Lasst uns die neuen Wege suchen**. Wir brauchen mehr Phantasie als ein Rüstungsspezialist und mehr Gerissenheit als ein Waffenhändler und lasst uns die Überraschung benutzen und die Scham, die in den Menschen versteckt ist.«

Islam
Erschrecken – Leben statt viel haben – Liebe und tätige Hilfe – Fußstapfen des Friedens

Wir beteiligen uns gerne an der konvivialistischen »Neuen Kunst des Zusammenlebens«. Es sind schöne Leitsätze und Lebensgrundlagen für jeden. Sie sollte jeder verinnerlichen, dann gibt es weniger Konflikte und Zerstörung.

Wenn wir an diese Kriege denken, die Ressourcen vernichten und Jahrzehnte die Gesellschaft zurückwerfen, dann bleibt nur eine Rückfolgerung: Die Menschheit kränkelt. Nur Egoismus und Größenwahn, Unterschlagung der Verdienste von anderen Menschen spielen eine Rolle. Wir fragen uns, wo ist Gott, oder sind wir heute nur soweit gekommen »mit Gotteshilfe«?

Wir sind manchmal arg im Zweifel, diese Menschen sind voll von Habgier besessen. Und denken zu oft »nach mir die Sintflut«. Manchmal kommt der Gedanke nahe, sicher hat Gott etwas dabei gedacht, wenn er diese oder jene Ereignisse zulässt.

Leben statt viel haben 2001
Um unter den Menschen Frieden und Gerechtigkeit herbeizuführen und zu wahren, brauchen wir moralische Grundsätze. Wir finden sie in der Religion. Um Ausgleich zu schaffen, definiert die Religion die Verantwortung der Habenden. Religion mahnt zu Gerechtigkeit und stärkt das soziale Empfinden.

Gott sagt uns im Koran an vielen Stellen: »O ihr Menschen, wahrlich, der Angesehenste von euch ist vor Gott der, der unter euch der Gerechteste, der Gottesfürchtigste ist.« *Sure 49,13*

Der Fastenmonat Ramadan ist eine Zeit, in der auf die Einhaltung aller religiösen Gebote besonders geachtet wird. Dieser Monat ist eine Zeit der Glaubenspraxis, mit ihren sozialen Verpflichtungen und Abgaben, um wieder ein Gleichgewicht und sozialen Frieden unter den Menschen herzustellen. **Die Verantwortung vor Gott liegt in der Erfüllung des Gebots der Liebe und der tätigen Hilfe für den Mitmenschen.** Die Liebe zum Mitmenschen bildet die Grundlage der wahrhaften Dankbarkeit zu Gott.

Im Koran lesen wir: »Frömmigkeit besteht nicht darin, daß ihr euer Gesicht nach Osten oder Westen wendet. Frömmigkeit besteht darin, daß man an Gott, den Jüngsten Tag, die Engel, das Buch (die Offenbarung) und an die Gottesgesandten glaubt, daß man, aus Liebe zu Ihm (zu Gott), den Verwandten, den Waisen, den Bedürftigen, dem Reisenden und den Bettlern Geld zukommen läßt und es für die Freiheit der Menschen ausgibt, und daß man das Gebet verrichtet und die Abgabe entrichtet.« *Sure 2,177*

Herr, Du hast uns zu deinen Knechten und Mägden berufen und uns damit von der Herrschaft der Menschen über den Menschen befreit. Wir haben erkannt, daß wir frei sind in unserem Angewiesensein auf Dich. Herr, Du hast uns zu Deinen Stellvertretern in Deiner Schöpfung eingesetzt und damit die Verantwortung für diese Erde und alles, was in und auf ihr lebt, anvertraut: Für die Tiere, die Vögel unter dem Himmel, für die Schätze der Natur, die Pflanzen, die Wälder, für das Wasser und für die Luft, die wir atmen. Herr, Du hast uns den geraden Weg zu lebendigem Wasser gewiesen und uns geboten, nach Frieden zu streben:

Frieden mit Dir, Frieden mit uns selbst, Frieden mit unseren Familien, Frieden mit unseren Nachbarn, mit allen Menschen und mit der Natur, die Du uns anvertraut hast. Gib uns, o Herr, daher den Mut und die Kraft, unserer Berufung treu zu bleiben. Gott mahnt im Koran: »O Ihr Gläubigen, tretet alle ein in den Frieden und folgt nicht den Fußstapfen Satans, wahrlich, er ist euch ein offenkundiger Feind«.

Aus einem zeitgenössischen Friedensgebet von M. Salim Abdullah
El-Fatiha *Sure 1* – **Amin**

Bahá'itum
Einheit der Menschheit – Mangel an Erziehung – Spiritualität – neues Bewußtsein

Die zentrale Lehre des Bahá'í-Glaubens ist die Einheit Gottes, die Einheit der Gottesboten und die **Einheit der Menschheit in ihrer großartigen Vielfalt.** Ihr Stifter Bahá'u'lláh lehrt, dass universeller Friede die Bestimmung der Menschheit und als solche nicht nur möglich, sondern unausweichlich ist. Die Einheit zu fördern, indem unterschiedliche Elemente in Einklang gebracht, Trennungen überwunden werden und in jedem Herzen eine selbstlose Liebe für die Menschheit genährt wird, ist Aufgabe von Religion. Bahá'u'lláhs Worte über Religion sind hier sehr nachdrücklich: » macht sie nicht«, so warnt Er, »zur Ursache von Zwietracht und Streit«. »Der Frieden aller Erdenbewohner … [gehört] zu den Grundsätzen und Geboten Gottes.« Sein Sohn und Ausleger Seiner Schriften Abdu'l-Bahá, erklärt, dass die Kraft zur Umsetzung in diesem großen Unterfangen der durchdringende Einfluss des Wortes Gottes ist sowie die Bestätigungen des Heiligen Geistes.«
Zitiert in Schriften des Universalen Hauses der Gerechtigkeit »Botschaft zum Weltfrieden«, 18.1.2019

Die destabilisierenden Kräfte in der Welt und die Drangsal der Menschheit nehmen täglich zu. Im Zerfall der alten Ordnung sehen die Bahá'í bereits die **Entwicklung hin zu einem kollektiven Seinszustand, einem neuen Bewusstsein.** Sie erkennen den Mangel an einer friedvollen Gesittung der Völker, an Erziehung und Spiritualität ebenfalls als Not unserer Zeit und widmen sich besonders diesen Aspekten, um dem persönlichen Leben bis hin zu den gesellschaftsbildenden Kräften neues Leben einzuhauchen.

»Die geistige, göttliche Erziehung ist die **Erziehung zum Himmelreich.** Durch sie erwirbt der Mensch göttliche Vollkommenheiten. Sie ist die wahre Erziehung, denn auf dieser Stufe tritt das Göttliche im Menschen in Erscheinung, und die Worte ›Lasset Uns Menschen schaffen nach Unserem Bild und Gleichnis‹, werden in ihm offenbar. Dies ist das höchste Ziel der Menschheit.«
Abdu'l-Bahá Ziele der Kindererziehung, 2.8:1

Gebet für die Menschheit
O Du gütiger Herr! Du hast die ganze Menschheit aus dem gleichen
Stamm erschaffen. Du hast bestimmt, dass alle der gleichen Familie
angehören. In Deiner heiligen Gegenwart sind alle Deine Diener, die
ganze Menschheit findet Schutz in Deinem Heiligtum ... Alle sind er-
leuchtet vom Lichte Deiner Vorsehung. O Gott! Du bist gütig zu allen,
Du sorgst für alle, Du beschützest alle, Du verleihst allen Leben. Du
hast einen jeden mit Gaben und Fähigkeiten ausgestattet, und alle sind
in das Meer Deines Erbarmens getaucht. O Du gütiger Herr! Vereinige
alle. Gib, dass die Religionen in Einklang kommen und vereinige die
Völker, auf dass sie einander ansehen wie eine Familie und die ganze
Erde wie eine Heimat.
... O Gott! Erhebe das Banner der Einheit der Menschheit. O Gott!
Errichte den Größten Frieden. Schmiede Du, o Gott, die Herzen zusammen. O Du gütiger Vater, Gott! Erfreue unsere Herzen durch den
Duft Deiner Liebe. Erhelle unsere Augen durch das Licht Deiner Führung. Erquicke unsere Ohren mit dem Wohlklang Deines Wortes und
beschütze uns alle in der Feste Deiner Vorsehung. Du bist der Mächtige
und der Kraftvolle, Du bist der Vergebende und Du bist der, welcher
die Mängel der ganzen Menschheit übersieht.
Abdu'l-Bahá Gebete, S.295, Nr. 196

Ezidentum
**Gott Schöpfer und Ursprung allen Seins – Vernunft und Weisheit –
Verbreitung von Sicherheit und Frieden**

Gott ist der Schöpfer und Ursprung allen Seins
 – Als erstes hat Gott Tausi Melek erschaffen zum Begleiter und Helfer
der Menschen und zum Wohlergehen der gesamten Kreatur und Natur,
zur Verbreitung von Sicherheit und Frieden – **Jeder Mensch ist einmalig,
gleichwertig und hat gleiche Rechte.**
 Der Begriff "Ezidentum" leitet sich aus dem Wort "Ezda" ab, der Bezeichnung für "göttliches Wesen", also dem Schöpfer. Im Ezidentum hat der
Schöpfer tausend und einen Namen. Seine zwei wichtigsten sind:

1. Khweda, das bedeutet die Selbstbewegung, also der, der sich selbst erschuf.

2. Ezda, das bedeutet mein Schöpfer, der, der mich erschaffen hat.

Die Religion der Eziden ist monotheistisch: Nichts gleicht Gott dem Schöpfer und keine Schöpfung darf mit Ihm verglichen werden. Er ist der Ursprung allen Seins. Kein Ort und keine Zeitperiode ist frei von Ihm. Ein Vergleich mit dem Schöpfer oder die Gleichsetzung Gottes gilt im Ezidentum als Polytheismus.

Ezidin/Ezide bedeutet der »erschaffene Mensch« und die »erschaffene Menschheit«. Den Eziden gilt jeder Mensch, unabhängig von seinem Geschlecht, seinen Überzeugungen und seiner Herkunft als einmalig, gleichwertig und als gleich an Rechten.

Das Ezidentum kennt keinen Widersacher der Einen Schöpferkraft, Xwede (=Gott). Xwede hat als erstes Tausi Melek von seinem Licht erschaffen. Aus Tausi Meleks Licht, (wissenschaftlich: »Urknall«) entstand das gesamte Universum einschließlich der sieben Engel, die bei den weiteren Schaffensakten assistiert haben. Tausi Melek … ist zum Begleiter und Helfer der Menschen bestimmt worden, um für das **Wohlergehen der gesamten Kreatur/Natur** zu sorgen. Er hat den Menschen den Pfau als Geschenk und Symbol für Frieden, Schönheit, Vielfältigkeit und Farbenfrohheit hinterlassen.

Die ezidische Religion hat fünf Glaubensbedingungen, die die Gesellschaft zusammenhalten:

»**Vernunft**« – »**Weisheit**«, z.B. den Bau und Gebrauch von Instrumenten (saz) – **Beruf und Spezialisierung**, auch religiöse Ausbildung – **Familiengründung**, religiös auch der **Zusammenhalt der Menschheit und die Bebauung der Erde** – **Jenseitsgeschwister**, einen Bruder oder eine Schwester, deren Aufgabe es ist, in irdischen Angelegenheiten zu unterstützen.

Im Ezidentum gibt es kein endgültiges Ende, sondern eine Seelenwanderung bzw. Inkarnation. Das Leben geht weiter, um die Pläne des Schöpfers zu verwirklichen, welche das Errichten des Paradieses auf Erden und die Verbreitung von Sicherheit und Frieden sind.

Gebet Mein Herr
Mein Herr ist gnädig und mitfühlend. Er befahl die Erde zu gestalten und zu formen. Mein Herr hat die Weltschöpfung vollendet ... und die Kinder Adams (Menschen) darin angesiedelt.

Mein Herr ist der Allmächtige im Himmel. Er ist der Schöpfer des Tages, der Nacht und der Zeit. Alles Gute kommt von ihm ...

Mein Herr ist der Gott der sieben Engel, die uns gottesfürchtig machen.

Mein Herr hat das Leben aus der weißen Perle geformt und gestaltet. Übergab es den sieben Engeln für immer und ewig. Und hat Tausi Melek zu dessen Anführer gekrönt. Er ist unendlich gütig.

Wir haben viele wertvolle persönliche und grundsätzliche Texte aus den Heiligen Schriften der hier vertretenen Weltreligionen gehört, deshalb möchte ich abschließen mit einem neueren Vater unser, einer Interpretation vom bedeutenden Befreiungstheologen und Dichter aus Nicaragua, Ernesto Cardenal. Wer mitbeten will und kann, sei gerne dazu aufgefordert.

Vater unser
Vater aller Menschen, die wir Brüder und Schwestern sind
Hilf, daß dein wirklicher Name, der Liebe heißt, uns allen vertraut werde
Hilf, daß unter uns das Reich der Gerechtigkeit und Liebe erschaffen werde
Dein Wille, der Liebe ist, der sich im Kosmos vollzieht, geschehe auch auf der Erde
Hilf, daß alle Menschen auf dieser Erde gesättigt werden
Wir bitten dich, vergiß unsere Lieblosigkeit, damit wir uns unsere Lieblosigkeit verzeihen. Auf daß wir nicht in Versuchung kommen, zur Vergangenheit zurückzukehren, zu Entwicklungsstufen, die wir schon überwunden haben
Und befreie uns vom Übel aller Unterdrückung UND
Denn Dein ist das Reich und die Kraft und die Herrlichkeit, in Ewigkeit Amen

*NUN möchte ich noch darauf hinweisen, daß d*en **Casa Común-Verlautba-rungen** *online (Juli 2022) die* **Feststellung und Aufforderung eines Auf-rufs an die ÖRK-Vollversammlung 2022: »Diese Wirtschaft tötet: Den Schrei der Erde und der Armen hören und die Ketten der Ungerechtig-keit für die ganze Schöpfung lösen (Jes 58,6)«** *[Martin Gück, Prof. Dr. Franz Segbers] zu entnehmen ist.* [später: Pro Oekumene Informationsdienst 2 /2022 November, S. 22-28]

IGF Stuttgart schlägt eine Unterstützung vor und hat auch unterschrieben. Wir brauchen

»Eine Ökumene der Kirchen und aller Religionsgemeinschaften zur Überwindung unserer zerstörerischen Weltordnung … ANGE-SICHTS DESSEN, DASS die Sorge um die Schöpfung Kirchen und Re-ligionsgemeinschaften eint, erkennen wir, dass der gemeinsame Glaube alle Gläubigen inspiriert und ihnen Kraft gibt, den Schrei der Armen und der Mutter Erde zu hören **und gütiger, respektvoller und weiser mit der Erde umzugehen. Diese Spiritualität verbindet die christlichen Kirchen mit den Schwestern und Brüdern im Judentum, im Islam, dem Buddhismus und vielen anderen Religionen weltweit** … Die Kir-chen müssen … den Konflikt mit den Mächtigen und den Plünderern der Schöpfung wagen … den konziliaren Prozess für Gerechtigkeit, Frieden und Bewahrung der Schöpfung neu beleben«. **»Wir brauchen eine Öku-mene der Religionen, Glaubensgemeinschaften und aller Menschen zum Schutz der Mutter Erde«.** »Die Zeit drängt.« »Das Scheitern der neoliberalen Globalisierung und die mangelnde Zukunftsfähigkeit des Kapitalismus … **die Politik [muß] mit den Triebfedern kapitalistischen Wirtschaftens, nämlich der Maximierung von Profit und Wachstum, brechen.«**

Abschließend großen **DANK** *zuallererst meiner Frau, die mich vielseitig unter-stützt hat, allen Beteiligten und dann den Casa-Común-Verantwortlichen, daß sie sich überhaupt für die Durchführung dieses Friedensgebetes haben ausspre-chen können. Das haben wir wohl unserem Peter Schönhöffer zu verdanken. Das ist nicht selbstverständlich, denn hier ist man ja z.B. auch im Rahmen des Deutschen Evangelischen Kirchentages jahrelang, seit DEKT 1999 in Stuttgart, sehr zögerlich gewesen. Dank auch dem Stadtkloster St. Franziskus, das uns* *hier Heimat hat geben können. Ganz besonderer Dank auch dem großartigen interreligiösen Abrahamischen Trio unter der Leitung von Irith Gabriely, also aus Haifa, Anatolien und Michelstadt. Ein Dank an die Meßnervertretung darf nicht vergessen werden.*

Vergessen Sie bitte auch nicht die Kollekte am Ausgang, *wir brauchen sie für eigene Ausgaben an diesem Friedensgebet, da uns eine bundesweite Stiftung und auch die badische Landeskirche eine finanzielle Unterstützung nicht gewähren konnte. Und wir wollen versuchen, die muslimischen Rohingya aus Myanmar in den erbärmlichen Flüchtlingslagern in Bangladesch zu unterstützen.*

Wer noch beim Thema bleiben will, »Konvivialismus«, der möge beim anschließenden Podium hier teilnehmen.

Bleiben Sie zufriedenstellend gesund, ausreichend mobil und behütet UND kommen Sie gut nach Hause. Danke!

Abrahamisches Trio: Hevenu Shalom Aleychem

Grußworte

Dr. Margot Käßmann, Theologin, Berlin
»Religionen sollten sich nicht länger missbrauchen lassen, um Konflikte zu verschärfen. Alle Religionen kennen die Achtung vor Gottes Schöpfung Deshalb können sie dazu beitragen, Frieden zu schaffen.«

Dr. Yuval Lapide, Weinheim und Jerusalem
»In der dringend gebotenen Erkenntnis unserer gemeinsamen Herkunft … und unserer Verantwortung vor diesem unserem gemeinsamen Schöpfer sind wir alle berufen, durch engagierte konzertierte und konzentrierte Zusammenarbeit unsere uns alle gleichermaßen bedrückenden virulenten und grenzüberschreitenden Menschheitskrisen, Konsumwahn, grenzenlose Profitgier, Naturverachtung, Rassismus, Sexismus und Religionshybris, zu überwinden und in Partnerschaft Solidarität und internationale Wohlstandsverteilung zu verwandeln. Amen.«

Jean Ziegler, Genf
»Ich wünsche Ihnen und allen Teilnehmern und Teilnehmerinnen des sehr wichtigen Religionsverbindenden Friedensgebets Gottes reichen Segen, spi-

rituelle Gemeinschaft und eine weite überzeugende Ausstrahlungs-Kraft. In Solidarität und Freundschaft Ihr …«
V.i.S.d.P. Dr. Ulrich Börngen

Im Handzettel mußte aus Platzgründen das Grußwort von Dr. Yuval Lapide gekürzt werden. Hier der gesamte Wortlaut – ihm ist nichts hinzuzufügen:

Dr. Yuval Lapide, z.Zt. Jerusalem
»Getragen von der Spiritualität und Ethik meines reichen jüdischen Glaubens und von der Prägung durch meinen großen jüdischen Vater Pinchas Lapide … **Demgemäß erfordert das jüdische Konzept des Friedens – Schalom genannt – ein ganzheitliches Wirken jedes einzelnen Menschen in all seinen Interaktions-Zusammenhängen, will sagen, in religiöser, sozialer, kultureller, wirtschaftlicher, wissenschaftlicher und politischer Hinsicht im Geiste und im Dienste der geschwisterlich-partnerschaftlichen Koexistenz aller beteiligten irdischen Mitgeschöpfe. Mein jüdischer Glaube ruft alle Erdenbürger dazu auf, jenseits legitimer gemeinschaftsspezifischer religiöser Unterschiede das globale Gemeinwohl, d.h. das Überleben und würdevolle Leben der gesamten Menschheit im Angesicht globaler Gefahren im Auge und im Geist zu bewahren.**

In der dringend gebotenen Erkenntnis unserer gemeinsamen Herkunft von und Unterordnung unter den Einen Schöpfer-Gott und **unserer Verantwortung vor diesem unserem gemeinsamen Schöpfer sind wir alle berufen, durch engagierte konzertierte und konzentrierte Zusammenarbeit unsere uns alle gleichermaßen bedrückenden virulenten und grenzüberschreitenden Menschheitskrisen, Konsumwahn grenzenlose Profitgier, Naturverachtung, Rassismus, Sexismus und Religionshybris, zu überwinden und in Partnerschaft Solidarität und internationale Wohlstandsverteilung zu verwandeln. Amen.«**
SCHALOM UWRACHA FRIEDE UND SEGEN שלום הכרבו

HIER bedarf die relativ geringe Beteiligung eines besonderen Kommentars. In den offiziellen Verlautbarungen von Casa Común, Flyer, Einladungen, Internet etc. ist merkwürdigerweise durchweg stets von »musikalischem interreligiösen Friedensgebet« die Rede gewesen. Es läßt sich nicht mehr überzeugend eruieren, wie dieser total irreführende Gedanke zustande gekommen ist. Insbesondere bleibt völlig unerklärlich, wie eine mehrfach angemahnt Korrektur nicht umgesetzt werden konnte. Dies dürfte ein wesentlicher Grund sein, daß eine von uns erwartete und früher erfahrene Beteiligung von hunderten oder sogar 1.000 Personen (DEKT 1999) nicht zu erreichen war.

Podium »Konvivialismus als Ausweg?«

Nach dem Friedensgebet haben wir in einem Podium »Konvivialismus als Ausweg?« intensiv mit Vertretern von Hinduismus und Islam und Vertretern der eigenen Gruppe über die »Zeichen der Zeit« gesprochen.

Das Leben des Menschen, eines Großteils der Menschheit und der uns anvertrauten »Mutter Erde« ist in eine dramatisch bedrohliche Schieflage geraten. Diese apokalyptische Entwicklung wurde erkannt und benannt z.B. seit 1972 (Club of Rom), 1990 (Seoul), 2019 (Fridays for Future) und 2020 (Zeichen der Zeit). Trotzdem erleben wir heute, daß an Stelle des kleinen Pflänzchen Transformation eine angeblich alternativlose »Zeitenwende«, ungebremste hegemoniale Ansprüche, massive Hochrüstung und Krieg, und dadurch explodierende Ungleichheit, Verschuldung und Vertrauensverlust in die Politik tägliche Wirklichkeit geworden ist. Grund allen Übels dürfte in erster Linie in Verlust an Tradition und Lebensweisheit, Überhandnehmen einer rein auf Eigennutz ausgerichteten Ideologie des Denkens und Handelns und ein imperialistischer Wachstumswahn des neoliberalen Kapitalismus zu suchen sein. **Durch Innehalten und Menschwerdung in Gesellschaft und Politik halten wir in nachhaltiger Vernetzung aller zivilgesellschaftlicher Bewegungen, die »für den Menschen« eintreten, den Pfad des »Konvivialismus« als einen hoffnungsvollen Weg, um den zerstörerischen Kräften unserer Zeit zu begegnen.**

Eine Übersicht über »Konvivialismus« kann nachgelesen werden in www.igfstuttgart.de (Einsatz für ... S.1)) und ausführlicher in www.convivialisme.org.

Wir stellen fest, daß ein **jordanischer Offener Brief und Aufruf von 138 religiösen Führern der Muslime an die religiösen Führer des Christentums von 2007 www.warda.info/Ein ...** (?) religionsbezogen in engem und weiterführenden Zusammenhang zu »Konvivialismus« steht. Er läßt wertvolle Perspektiven einer religionsverbindenden Zusammenarbeit gegen die zerstörerischen Kräfte unserer Zeit erkennen:

»Verbindende Gemeinsamkeiten zwischen Muslimen und Christen zu finden, ist keineswegs nur eine Frage des höflichen **ökumenischen Dialoges zwischen einigen auserlesenen religiösen Führern.**« »**Angesichts der schrecklichen Waffenarsenale** der modernen Welt ... steht unsere gemeinsame Zukunft auf dem Spiel.« »Vielleicht **steht gar das Weiterbestehen dieser Welt als solcher auf dem Spiel. Denjenigen, die sich dennoch aus eigennützigen Motiven an Konflikten und Zerstörung ergötzen oder letztendlich von diesen zu profitieren glauben, sagen wir, daß unsere unsterblichen Seelen selbst auf dem Spiel stehen,** wenn wir nicht aufrichtig alle nur denkbaren Anstrengungen unternehmen, Frieden zu schließen und in Eintracht zusammen zu finden.« »Darum laßt unsere Differenzen nicht zur Ursache von Haß und Streit zwischen uns werden. **Laßt uns** stattdessen **wetteifern in Rechtschaffenheit und in guten Werken. Laßt uns einander respektieren, fair, gerecht und freundlich zueinander sein, und in aufrichtigem Frieden, Eintracht und gegenseitigem Wohlwollen miteinander leben.**«

Weiterhin bedeutet der Aufruf von 2007, daß Judentum und »**jede wahre Religion**« **einbezogen** ist, denn »Im Heiligen Qur'an fordert Gott die Muslime auf, folgenden Aufruf an die Christen (und die Juden, die mit ihnen zusammen zum ›Volk der Schrift‹ zählen) zu richten ... Sure 3:64«. »Demzufolge bestätigt Gott auch im Heiligen Qur'an, daß die gleichen ewigen Wahrheiten der Einheit Gottes, der Notwendigkeit vollkommener **Liebe zu [Gott] ... und der Notwendigkeit der Liebe zu den Mitmenschen (und damit Gerechtigkeit) die Grundlagen jeder wahren Religion sind.**«

In diesem Kontext sehen wir auch ein historisch zu nennendes **Abu-Dhabi-Dokument von 2019,** www.vatican.va. Dieses »**Dokument über die Brüderlichkeit aller Menschen für ein friedliches Zusammenleben in der Welt**« haben **Papst Franziskus und der Großimam von der Al-Azhar-Universität in Kairo, Ahmad Al-Tayyeb,** einer der wichtigsten Stimmen des sunnitischen Islam, unterzeichnet: Wir haben uns »über die Freuden, Leiden und Probleme der heutigen Welt ... ausgetauscht: **über die Armut, die kriegerischen Auseinandersetzungen und das Leiden so vieler Brüder und Schwestern in verschiedenen Teilen der Welt, die hervorgerufen werden durch Wettrüsten, soziale Ungerechtigkeit, Korruption,**

Ungleichheit, moralischen Verfall, Terrorismus, Diskriminierung und Extremismus und viele weitere Ursachen.« »Das Dokument … soll eine gemeinsame Erklärung guten und aufrichtigen Willens sein, so dass es alle, die in ihren Herzen den Glauben an Gott und den Glauben an die Brüderlichkeit aller Menschen tragen, einlädt, sich zusammenzutun und gemeinsam daran zu arbeiten, und dass das Dokument so für die junge Generationen zu einem Leitfaden einer Kultur des gegenseitigen Respekts wird«.

Wir regen an, daß diese drei Initiativen zu einem transformatorischen Konsens im konvivialistisch-gesellschaftspolitischen UND lokal-gemeinschaftsbezogenen Sinn kommen mögen. Wir wollen sie nach besten Kräften unterstützen und wollen uns bemühen, weitere Schritte mit dieser Initiative zu versuchen.
Peter Schönhöffer Ingelheim, Ulrich Börngen Stuttgart

Ps.: Bemerkenswert, daß sich über die hier vorgelegten Aktivitäten in Karlsruhe in »Pro Oekumene Informationsdienst« 2/2022 November, Herausgegeben von Pro Oekumene-Initiative in Württemberg – Auswertung der ÖRK-Vollversammlung, keinerlei Notiz findet.

Immerhin ist beachtlich, daß in dieser Auswertung der geradezu prophetisch-historisch bedeutsame **Aufruf an die ÖRK-Vollversammlung 2022,** »Diese Wirtschaft tötet: …«, in voller Länge auf den Seiten 22-28 wiedergegeben wurde.

Hier sollen zumindest die Überschriften dieses Aufrufs dokumentiert werden. Sie können ermutigen, den Gesamttext zu lesen, noch besser, sich zum Handeln motivieren zu lassen.

1. **Diese Wirtschaft tötet: Den Schrei der Erde und der Armen hören und die Ketten der Ungerechtigkeit für die ganze Schöpfung lösen (Jes 58,6)**
2. **Eine Welt im Ausnahmezustand – Menschen sterben, die Erde brennt**
3. **Das Scheitern der neoliberalen Globalisierung und die mangelnde Zukunftsfähigkeit des Kapitalismus**

4. Das Gebot der Stunde: Umkehr zu einer Ökonomie des Lebens und der Gerechtigkeit
5. Die neue Logik einer universellen Geschwisterlichkeit: Die Erde ist des Herrn und alles, was darinnen ist, der Erdkreis und die darauf wohnen (Ps 24,1)
6. Eine Ökumene der Kirchen und aller Religionsgemeinschaften zur Überwindung unserer zerstörerischen Weltordnung

Auch Andere sind auf dem Weg:

Weltethos 1993

Prof. Hans Küng und Prof. Karl-Josef Kuschel, Tübingen: **Erklärung zum Weltethos. Die Deklaration des Parlamentes der Weltreligionen.** Piper 1993 **Einführung,** Seite 15, 19, 29, 41

»Der als ›Einführung‹ bezeichnete Text wurde auf der Grundlage der in Tübingen [um 1990] verfaßten Erklärung von einem Redaktionskomitee des ›Council‹ des Parlaments der Weltreligionen in Chicago erstellt ... zu publizistischen Zwecken – eine knappe Zusammenfassung der Erklärung ... [er wurde] bei der feierlichen öffentlichen Abschlußversammlung am 4. September 1993 ... [in] Chicago verlesen, wobei mehrere Passagen vom spontanen Beifall der Tausende von Zuhörern begleitet wurde.«

Interessant, daß auch hier eine praktisch legitimierte Zusammenfassung der weltweiten Öffentlichkeit angeboten und offensichtlich akzeptiert wurde. Daß Küng und Kuschel dieselbe an den Beginn »Ihrer Erklärung zum Weltethos ...« gestellt haben, weist auf die fundamentale Bedeutung der Aussagen auch für sie hin!

«Die Welt liegt in Agonie. Diese Agonie ist so durchdringend und bedrängend, daß wir uns herausgefordert fühlen, ihre Erscheinungsformen zu benennen, so daß die Tiefe unserer Besorgnis deutlich werden mag.

Der Friede entzieht sich uns – der Planet wird zerstört – Nachbarn leben in Angst – Frauen und Männer sind entfremdet voneinander – Kinder sterben!
Das ist abscheulich!

Wir verurteilen den Mißbrauch der Ökosysteme unserer Erde.

Wir verurteilen die Armut, die Lebenschancen erstickt; den Hunger, der den menschlichen Körper schwächt; die wirtschaftlichen Ungleichheiten, die so viele Familien mit Ruin bedrohen.

Wir verurteilen die soziale Unordnung der Nationen, die Mißachtung der Gerechtigkeit, welche Bürger an den Rand drängt; die Anarchie, welche in unseren

Gemeinden Platz ergreift und den sinnlosen Tod von Kindern durch Gewalt. Insbesondere verurteilen wir Aggression und Haß im Namen der Religion.

Diese Agonie muß nicht sein.
Sie muß nicht sein, weil die Grundlage für ein Ethos bereits existiert. Dieses Ethos bietet die Möglichkeit zu einer besseren individuellen und globalen Ordnung und führt die Menschen weg von Verzweiflung und die Gesellschaft weg vom Chaos.

Wir sind Frauen und Männer, welche sich zu den Geboten und Praktiken der Religionen der Welt bekennen.

Wir bekräftigen, daß sich in den Lehren der Religionen ein gemeinsamer Bestand von Kernwerten findet und daß diese die Grundlage für ein Weltethos bilden.

Wir bekräftigen, daß diese Wahrheit bereits bekannt ist, aber noch mit Herz und Tat gelebt werden muß.

Wir bekräftigen, daß es eine unwiderrufbare, unbedingte Norm für alle Bereiche des Lebens gibt, für Familien und Gemeinden, für Rassen, Nationen und Religionen ...

Wir erklären:
Wir sind alle voneinander abhängig. Jeder von uns hängt vom Wohlergehen des Ganzen ab. Deshalb haben wir Achtung vor der Gemeinschaft der Lebewesen, der Menschen, Tiere und Pflanzen, und haben Sorge für die Erhaltung der Erde, der Luft, des Wassers und des Bodens.

Wir tragen die individuelle Verantwortung für alles, was wir tun. All unsere Entscheidungen, Handlungen und Unterlassungen haben Konsequenzen.

Wir müssen andere behandeln, wie wir von anderen behandelt werden wollen. Wir verpflichten uns, Leben und Würde, Individualität und Verschiedenheit zu achten, sodaß jede Person menschlich behandelt wird – und zwar ohne Ausnahme. Wir müssen Geduld und Akzeptanz üben. Wir müssen fähig sein zu vergeben, indem wir von der Vergangenheit lernen, aber es niemals zulassen, daß wir selber Gefangene der Erinnerungen des Hasses bleiben. Indem wir unsere Herzen öffnen, müssen wir unsere engstirnigen

Streitigkeiten um der Sache der Weltgemeinschaft willen begraben und so eine Kultur der Solidarität und gegenseitigen Verbundenheit praktizieren. Wir betrachten die Menschheit als unsere Familie. Wir müssen danach streben, freundlich und großzügig zu sein. Wir dürfen nicht allein für uns selber leben, müssen vielmehr auch anderen dienen und niemals die Kinder, die Alten, die Armen, die Leidenden, die Behinderten, die Flüchtlinge und die Einsamen vergessen. Niemand soll jemals als Mensch zweiter Klasse betrachtet werden oder behandelt, oder, in welcher Weise auch immer, ausgebeutet werden. Es sollte eine gleichberechtigte Partnerschaft zwischen Mann und Frau geben. Wir dürfen keinerlei sexuelle Unmoral begehen. Wir müssen alle Formen der Herrschaft oder des Mißbrauchs hinter uns lassen.

Wir verpflichten uns auf eine Kultur der Gewaltlosigkeit, des Respekts, der Gerechtigkeit und des Friedens. Wir werden keine anderen Menschen unterdrücken, schädigen, foltern, gar töten und auf Gewalt als Mittel zum Austragen von Differenzen verzichten.

Wir müssen nach einer gerechten sozialen und ökonomischen Ordnung streben, in der jeder die gleiche Chance erhält, seine vollen Möglichkeiten als Mensch auszuschöpfen. Wir müssen in Wahrhaftigkeit sprechen und handeln sowie mit Mitgefühl, indem wir mit allen in fairer Weise umgehen und Vorurteile und Haß vermeiden. Wir dürfen nicht stehlen. Wir müssen vielmehr die Herrschaft der Sucht nach Macht, Prestige, Geld und Konsum überwinden, um eine gerechte und friedvolle Welt zu schaffen.

Die Erde kann nicht zum besseren verändert werden, wenn sich nicht das Bewußtsein der Einzelnen zuerst ändert. Wir versprechen, unsere Wahrnehmungsfähigkeit zu erweitern, indem wir unseren Geist disziplinieren durch Meditation, Gebet oder positives Denken. Ohne Risiko und ohne Opferbereitschaft kann es keine grundlegende Veränderung in unserer Situation geben. Deshalb verpflichten wir uns auf dieses Weltethos, auf Verständnis füreinander und auf sozialverträgliche, friedensfördernde und naturfreundliche Lebensformen.

Wir laden alle Menschen, ob religiös oder nicht, dazu ein, dasselbe zu tun.

Die Prinzipien eines Weltethos

Unsere Welt geht durch eine fundamentale Krise: eine Krise der Weltwirtschaft, der Weltökologie, der Weltpolitik. Überall beklagt man die Abwesenheit einer großen Vision, den erschreckenden Stau ungelöster Probleme, die politische Lähmung, nur mittelmäßige politische Führung ohne viel Einsicht und Voraussicht und allgemein zu wenig Sinn für das Gemeinwohl. Zu viele alte Antworten auf neue Herausforderungen. Hunderte Millionen von Menschen auf unserem Planeten leiden zunehmend unter Arbeitslosigkeit, Armut, Hunger und Zerstörung der Familien. Die Hoffnung auf dauerhaften Frieden unter den Völkern schwindet wieder. Spannungen zwischen den Geschlechtern und Generationen haben ein beängstigendes Ausmaß erreicht. Kinder sterben, töten und werden getötet. Immer mehr Staaten werden durch Korruptionsaffären in Politik und Wirtschaft erschüttert. Das friedliche Zusammenleben in unseren Städten wird immer schwieriger durch soziale, rassische und ethnische Konflikte, durch Drogenmissbrauch, organisiertes Verbrechen, ja Anarchie. Selbst Nachbarn leben oft in Angst. Unser Planet wird nach wie vor rücksichtslos ausgeplündert. Ein Zusammenbruch der Ökosysteme droht.

Immer wieder neu beobachten wir, wie an nicht wenigen Orten dieser Welt Führer und Anhänger von Religionen Aggression, Fanatismus, Hass und Fremdenfeindlichkeit schüren, ja sogar gewaltsame und blutige Auseinandersetzungen inspirieren und legitimieren. Religion wird oft für rein machtpolitische Zwecke bis hin zum Krieg missbraucht. Das erfüllt uns mit Abscheu.

Wir verurteilen all diese Entwicklungen und erklären, dass dies nicht sein muss. Es existiert bereits ein Ethos, das diesen verhängnisvollen globalenEntwicklungen entgegenzusteuern vermag. Dieses Ethos bietet zwar keine direkten Lösungen für all die immensen Weltprobleme, wohl aber die moralische Grundlage für eine bessere individuelle und globale Ordnung: eine Vision, welche Frauen und Männer von der Verzweiflung und der Gewaltbereitschaft und die Gesellschaften weg vom Chaos zu führen vermag.

Wir sind Männer und Frauen, welche sich zu den Geboten und Praktiken der Religionen der Welt bekennen. Wir bekräftigen, dass es bereits einen Konsens unter den Religionen gibt, der die Grundlage für ein Weltethos bilden kann: einen minimalen Grundkonsens bezüglich verbindender Werte, unverrückbarer Maßstäbe und moralischer Grundhaltungen.

Vier / Fünf unverrückbare Weisungen

1. Verpflichtung auf eine Kultur der Gewaltlosigkeit und der Ehrfurcht vor allem Leben
2. Verpflichtung auf eine Kultur der Solidarität und eine gerechte Wirtschaftordnung
3. Verpflichtung auf eine Kultur der Toleranz und ein Leben in Wahrhaftigkeit
4. Verpflichtung auf eine Kultur der Gleichberechtigung und die Partnerschaft von Mann und Frau
5. Verpflichtung auf eine Kultur der Nachhaltigkeit und der Sorge für die Erde

Anmerkung:
Zum 25. Jahrestag der »Erklärung zum Weltethos« wurde ihr diese fünfte Weisung hinzugefügt. Vorausgegangen waren ein breiter monatelanger Beratungsprozess und die Zustimmung des Board des Parlaments der Weltreligionen im Juli 2018.

Wandel des Bewußtseins

Alle geschichtlichen Erfahrungen zeigen es: Unsere Erde kann nicht verändert werden, ohne dass ein Wandel des Bewusstseins beim Einzelnen und der Öffentlichkeit erreicht wird. Dies hat sich in Fragen wie Krieg und Frieden, Ökonomie oder Ökologie bereits gezeigt, wo in den letzten Jahrzehnten grundlegende Veränderungen erreicht wurden. Diese müssen auch im Hinblick auf das Ethos erreicht werden! Jeder Einzelne hat nicht nur eine unverletzliche Würde und unveräußerliche Rechte; sie/er hat auch eine unabweisbare Verantwortung für das, was sie/er tut und nicht tut. Alle unsere Entscheidungen und Taten, auch unser Versagen und Scheitern haben Konsequenzen.

Diese Verantwortung wachzuhalten, zu vertiefen und an künftige Generationen weiterzugeben, ist die besondere Aufgabe der Religionen. Dabei bleiben wir realistisch in Bezug auf das in diesem Konsens Erreichte und dringen darauf, das Folgende zu beachten:

1. Ein universaler Konsens für viele umstrittene ethische Einzelfragen (von

der Bio- und Sexualethik über die Medien und Wissenschaftsethik bis zur Wirtschafts- und Staatsethik) ist schwierig. Doch im Geist der hier entwickelten gemeinsamen Grundsätze sollten sich auch für viele bisher umstrittene Fragen sachgerechte Lösungen finden lassen.

2. In vielen Lebensbereichen ist bereits ein neues Bewusstsein für ethische Verantwortung erwacht. Wir begrüßen es deshalb, wenn für möglichst Berufsklassen wie zum Beispiel Ärzte, Wissenschaftler, Geschäftsleute, Journalisten, Politiker zeitgemäße Ethikcodes ausgearbeitet werden, die konkretere Richtlinien bieten für die brisanten Fragen ihres jeweiligen Berufsstandes.

3. **Vor allem drängen wir die einzelnen Glaubensgemeinschaften, ihr ganz spezifisches Ethos zu formulieren: Was hat jede Glaubenstradition zu sagen etwa über den Sinn von Leben und Sterben, über das Durchstehen von Leid und die Vergebung von Schuld, über die selbstlose Hingabe und die Notwendigkeit von Verzicht, über Mitleid und Freude.** Dies alles wird das schon jetzt erkennbare Weltethos vertiefen, spezifizieren und konkretisieren.

Zum Schluss appellieren wir an alle Bewohner dieses Planeten: Unsere Erde kann nicht zum Besseren verändert werden, ohne dass das Bewusstsein des Einzelnen geändert wird. Wir plädieren für einen individuellen und kollektiven Bewusstseinswandel, für ein Erwecken unserer spirituellen Kräfte durch Reflexion, Meditation, Gebet und positives Denken, für eine Umkehr der Herzen. Gemeinsam können wir Berge versetzen! Ohne Risiko und Opferbereitschaft gibt es keine grundlegende Veränderung unserer Situation!

Deshalb verpflichten wir uns auf ein gemeinsames Weltethos: auf ein besseres gegenseitiges Verstehen sowie auf sozialverträgliche, friedensfördernde und naturfreundliche Lebensformen. Wir laden alle Menschen, ob religiös oder nicht, ein, dasselbe zu tun.«

Auf einem Demokratie Kongress 21 am 27.2.2011 im DGB-Haus in Stuttgart konnte im Workshop »Einmischen statt Aussitzen – Christlich-kirchliches Engagement« Hans Küng in folgender Power-Point-Folie zitiert werden:

Hans Küng: Projekt Weltethos, Piper 1990, Seite 31-33

3. Das Ende der modernen Großideologien

a. Kritik an den westlichen Errungenschaften

… Wissenschaft, aber keine Weisheit …

Technologie, aber keine geistige Energie, um die unvorhersehbaren Risiken einer hocheffizienten Großtechnologie unter Kontrolle zu bringen …

Industrie, aber keine Ökologie, die gegen die stets expandierende Ökonomie ankäme …

Demokratie, aber keine Moral, die den massiven Machtinteressen der verschiedenen Machtmenschen und Machtgruppen entgegenwirken könnte …

b. Entzauberung der modernen Fortschrittsideologie

… »Die modernen Großideologien, die in den vergangenen beiden Jahrhunderten als ›wissenschaftliche‹ Totalerklärungen und attraktive Quasi-Religionen funktionierten, haben abgewirtschaftet … In der Krise ist auch die evolutiv-technologische Fortschrittsideologie des Westen … In der Tat: Der ewige, allmächtige, allgültige Fortschritt, dieser große Gott der modernen Ideologien mit seinen strengen Geboten ‹Du sollst immer mehr, immer besser, immer schneller›, hat sein fatales Doppelgesicht enthüllt und der Fortschrittsglaube seine Glaubwürdigkeit verloren. Es ist jetzt ins allgemeine Bewußtsein getreten: Wirtschaftlicher Fortschritt als Selbstzweck zeitigte weltweit inhumane Folgen … Zerstörung der natürlichen Umwelt des Menschen und damit auch eine soziale Destabilisierung großen Stils … Es droht die Selbstzerstörung der gegenwärtigen Fortschrittsgesellschaft.« (U. Börngen)

Sangsaeng – Zusammenleben

Dr. Mee-Hyung Chung, 2007 Leiterin der Stabsstelle Frauen und gender von mission 21, Basel. Auf einer Ostasiatisch-Deutschen Begegnungstagung April 2007 in der Evangelischen Akademie Hofgeismar. EMS-Dokumentationsbrief Nr. 1/2007, Seite 9; 5-6, 8-9, 13-14) Derzeit Professorin der Theologie an der Yonsei Universität, Seoul Südkorea.

Das Schweigen brechen, Theologie aus der Perspektive von Frauen in Ostasien. Sansaeng – Zusammenleben anstatt Sangkuk – gegenseitige Unverträglichkeit

»Nordostasien gehört zu dem Gebiet, das ein rapides Wachstum der Wirtschaft erreicht hat. In der Tat ist die wirschaftliche Lage dieser Region im Vergleich zu den anderen Ländern in Latein-Amerika und Afrika, die unter Kolonialherrschaft und Imperialismus gelitten haben, viel besser. Aber hinter diesem schnellen Wachstum steckt die Ausbeutung der billigen Arbeitskräfte, die vor allem die Frauen betrifft, und die Schädigung der Umwelt. China ist ein wirtschaftsführendes Land der Welt geworden. Saurer Regen und gelber Sandwind sind nur äusserliche Phänomene, die zu einem jährlich zunehmenden Problem geworden sind. Darüber hinaus gibt es vielerlei Umweltverschmutzung durch militärische Übungen, Manöver und Anlagen. Und um die Preiskompetenz und schnelle Produktion zu ermöglichen, werden viele Chemikalien für die agrikulturelle Produktion angewendet, die die Erde und den Körper von Menschen gefährden.

Weil die Priorität bei der Modernisierung und beim schnellen Wachstum gesetzt wird, war das Umweltbewusstsein nicht eine Tugend oder ein ethisches Thema gewesen. Erst gegen Ende der achtziger Jahre und Anfang der neunziger Jahre haben einige NGOs und die Frauenbewegung darauf aufmerksam gemacht. Die Theologie aus Frauensicht hinkt auch nach, mit dieser Problematik umzugehen. Es ist ein komplexes Thema, das mit Wirtschaft, Politik und Kultur verbunden ist. **Während das Prinzip Sangkuk neben- und gegeneinander bedeutet, bedeutet Sangsaeng miteinander oder wechselseitig Leben geben.** Auf

Englisch beinhaltet dieses Konzept interconnectedness und interrelatedness. **Es hat mit dem Beziehungsnetzwerk zwischen Menschen, Natur und Dingen und gegenseitiger, lebensorientierter Abhängigkeit zu tun, um miteinander Leben zu geben. Die nordasiatischen eigenen Werte, die Ausgewogenheit zwischen Menschen und Natur zu unterstreichen, sollten in der Ökotheologie aus Frauensicht noch sichtbarer werden.** Dieses Bewusstsein hat mit den Integrationsgedanken zu tun, die eigentlich in Nordasien tief verwurzelt sind. Diese Aspekte wiederzubeleuchten gehört zu den **zentral wichtigen Aufgaben der Feministischen Theologie in dieser Region, Sangsaeng anstatt Sangkuk in der Gesellschaft zu fördern.**

Weitere Erkenntnisse in Weltverantwortung aus koreanisch-asiatischer Sicht (Seite 5-6, 8-9, 13-14)

»die asiatische Realität … [ist verbunden] mit kapitalistischer Konkurrenz und dem Druck des schnellen Wachstums und den daraus folgenden Nebenwirkungen und Schattenseiten … Vielleicht könnte … [die] Suche nach Erleuchtung und Wahrheit mit der Erkenntnis beginnen, dass multinationale Unternehmen, die weltbekannte Marken- und Luxusprodukte und ihre verfälschten Produkte für einen globalen Markt produzieren, billigste Arbeitskräfte suchen und diese gewöhnlich in den Frauen Asiens finden.

Die Unterdrückung und die Diskriminierung der Frauen geschehen täglich und öffentlich innerhalb der sozialen Strukturen, die bewusst durch die Traditionen des Buddhismus, Konfuzianismus, Hinduismus, Islam und nicht zuletzt Christentum gefördert werden.

Das Christentum brachte weltweit einerseits Befreiung für die Frauen, welche in frauenverachtenden Traditionen und Religionen in Asien, Lateinamerika und Afrika leben. Aber andererseits ist eine andere und neue Unterdrückung der Frauen innerhalb des Christentums und der christlichen Kirchen entstanden.« ….

»Auch in der Kirchengeschichte sehen wir zahlreiche Beispiele, bei welchen das Christentum von den Schwachen, Marginalisierten und v.a. von Frauen das Erdulden von Ungerechtigkeit verlangt. Die Aufopferung der Frauen und das ›In-sich-Hineinfressen‹ von Schmerz, Leid und Unterdrückung sollten nicht mehr als Tugend betrachtet werden.«

»Es ist evident, dass ein Frieden, der auf gender-, wirtschaftlicher und sozialer Gerechtigkeit basiert, lebenswichtig ist für den Haushalt des Planeten Erde. Nach dem Zerfall der Ostblockländer bleibt der einwandfrei triumphierende Kapitalismus übrig. **Die Verleumdung des Kommunismus ist nicht die Aufgabe der Feministischen Theologie in Nordostasien. Das ungerechte System einer globalisierten Welt aufzuheben und wirtschaftliche, ökologische und ökumenische Gerechtigkeit zu schaffen, ist die Kernaufgabe der Feministischen Theologie in dieser Region.«** …

»Schlussfolgerung:
Mir scheint es oft, dass die westliche Christenheit ihr Selbstvertrauen bei der Verkündigung der Guten Nachricht verloren hat. Die geschichtliche Bürde des Völkermordes und der Aggression gegen Urvölker im Kolonialismus, die anhaltende militärische Aufrüstung und die Kriege, die Konfrontationen und Diskriminierungen gegenüber anderen Religionen haben vielleicht die moralischen Energien aufgebraucht, die die christliche Kirche braucht, um ihre Mission zu erfüllen.

Aber auf der anderen Seite gibt es leider immer noch wenig christliche Versuche oder wenig Interesse daran, anderen Kulturen und Religionen als Subjekt im Alltag im jeweiligen Kontext zu begegnen … Meines Erachtens ist dies auch ein Grund für das weltweite Desinteresse an der Ökumene und an der Situation des Südens. Und Migration wird wegen der Gefährdung der wirtschaftlichen und sozialen Sicherheit häufig als Sündenbock missbraucht.

Während es notwendig und **richtig ist, die historischen Ungerechtigkeiten und systemischen Fehler der Christenheit zu erkennen**, ist es auch wichtig wahrzunehmen, dass eine solche Erkenntnis **Teil der Basis sein kann, auf der ein neues Muster interkultureller Beziehungen und Handlungen im Glauben gebaut werden kann. Meine Hoffnung ist es, dass wir ein erneuertes Christentum in jedem unserer kulturellen Kontexte entwickeln können, indem wir die Methoden des nicht-dualistischen Post-Kolonialismus zum Einsatz bringen.** Statt in gegenseitigen Stereotypisierungen und Vorurteilen zu versteinern und den anderen Kontext auszublenden, brauchen wir eine offene Haltung, um uns vor dem Anders-Sein nicht zu fürchten.«
»Wir können uns besser vernetzen, um gemeinsame ethische Aufga-

ben anzugehen. Die komplexe Erfahrung vom Kolonialismus, Post-Kolonialismus und Ideologiekonflikt in diesen Regionen könnte dazu dienen, bessere Versöhnung und Transformation der Gesellschaft zu schaffen.«

»Deshalb ist es wichtig, für sie [für viele asiatische Frauen] das Wort zu ergreifen. Aber noch wichtiger ist es m.E., den stimmenlosen Frauen durch Ermutigung Stimme zu geben, damit sie selber zu Wort kommen und darüber hinaus solidarisch zuzuhören, was sie aus dem Brechen des Schweigens heraus zu sagen haben. Das wäre der erste Schritt. Dann erst kann das Brechen der Kette der Ungerechtigkeit in Bewegung gebracht werden.«

(Bestmöglichst übertragen und geringfügig geglättet, Ulrich Börngen, Stuttgart, 2.10 2013)

Ubuntu –
afrikanische Menschlichkeit und
Lebensphilosophie

UBUNTU ist eine alte Bezeichnung für südafrikanische Menschlichkeit, Nächstenliebe und Gemeinsinn sowie für Pflege und Harmonie mit der ganzen Schöpfung. Als Ideal soll es die Zusammenarbeit zwischen den Menschen, Kulturen und Nationen fördern. Die Philosophie steht für Achtung der Menschenwürde durch wechselseitigen Respekt und Anerkennung und für das Bestreben nach einer harmonischen und friedlichen Gesellschaft. So steht Ubuntu für Brüderlichkeit, Mitgefühl, Solidarität, gemeinsame Verantwortung und Vergebung. Diese Menschlichkeit hat nach Aufhebung der südafrikanischen Rassendiskriminierung durch Nelson Mandela ausschlaggebend für das erstaunlich friedliche Ende der Apartheit beigetragen. Aus europäischer Sicht kann Ubuntu als »Humanismus in seiner reinsten Form« angesehen werden. **Alles könnte das Vorbild als »wertvolle Elemente« für Frieden und Gerechtigkeit im alten Europa und weltweit dienen. Das wäre doch nachhaltig wünschenswert!** Der Begriff Ubuntu kommt aus den Bantusprachen der Zulu und Xhosa.

Ubuntu ist die Gründungsphilosophie des Ubuntu Education Fund, einer Non-Profit-Organisation, die 1999 gegründet wurde. In einer konstituierenden Sitzung von »Ubuntu – World Forum of Networks« wird 2001 durch Prof. Federico Mayor Zaragoza, ein spanischer Biochemiker und Politiker, langjähriger Rektor der Universität Granada und Generaldirektor der UNESCO, die große Einflußnahme von Finanz- und Service-Industrie zu Beginn des 21. Jahrhunderts durch den weltweiten Prozeß der Globalisierung beklagt. Durch Ubuntu soll »die Suche nach alternativen Lösungen und neue Wege der Bewältigung der Herausforderungen der Welt« begegnet werden. **Als notwendiger »anderer Akteur auf der Weltszene« wird die »Zivilgesellschaft« gefordert. Sie soll zu einer Interaktion »für mehr Menschlichkeit weltweit in der politischen, sozialen, wirtschaftlichen und kulturellen Ebene« beitragen.** Dabei ist das **Hauptziel, »mit vereinten Kräften« Brücken zu bauen durch Dialog und Kommunikation** zwischen Persönlichkeiten und Intellektuellen, internationalen Organisationen und Institutionen, Hochschule und Medien und sich dadurch für »Frieden, Demokratie, nachhaltige Entwicklung, Menschenwürde und Menschenrechte« einzusetzen. Nötig ist »die **Schaffung eines Netzes von Netzen, eine Bewegung der Bewegungen** und von Strukturen und Foren der Meinungsbildung und Begegnung«, wodurch »Werte und Prinzipien, Leben in einer Demokratie und Unterstützung einer wahren menschlichen Entwicklung auf weltweiter Ebene sichergestellt wird – **im Sinne von Harmonie mit der Natur und kultureller Vielfalt.**«

Als »ultimatives Ziel« von Ubuntu ist anzustreben, »angesichts der besonderen Schwere der aktuellen Probleme, die Förderung einer Welt, die mehr menschliches, gerechtes, friedliches, vielfältiges und nachhaltiges Leben ermöglicht, mit Hilfe neuer Verfahren und Institutionen einer demokratischen Regierungsführung, auf dem Weg zu einer Kultur des Friedens, des Dialogs, der Gerechtigkeit, Gleichheit und Solidarität, immer mit einer aktiven Teilnahme der Zivilgesellschaft.«

Geleitwort von Erzbischof Desmond M. Tutu, Kapstadt, 2007, in: Blackwell, Geoff: du ich wir. Knesebeck, München 2007, Seite 14:
»In meiner Kultur und Tradition gibt es keine größere Auszeichnung, als über jemanden zu sagen: »Yu, u nobuntu« – »du besitzt diese wunderbare Eigenschaft Ubuntu.« Gemeint ist ein bestimmtes Verhalten gegenüber anderen, eine bestimmte Art der Selbstwahrnehmung in Bezug auf Menschen, die einem nahestehen, der eigenen Familie <u>und</u> der größeren Gemeinschaft. Ubuntu beschreibt das zentrale Element der afrikanischen Lebensphilosophie: was es heißt, ein Mensch zu sein.«
»Diese **Lebensphilosophie beruht auf Freundlichkeit, Großzügigkeit und Güte, Fürsorge und Mitgefühl gegenüber den Mitmenschen** ... auf dem Einsatz der eigenen Kräfte für die Schwachen, Armen und Kranken und dem Verzicht darauf, andere für die eigenen Zwecke zu benutzen. Ein solcher Mensch behandelt andere so, wie er selbst behandelt werden möchte. Aus diesem Grund verhält er sich offen und großherzig. Er respektiert den inneren Wert der anderen, und damit wird er selbst anerkannt und unauflöslich mit den anderen verbunden.
Ein Mensch mit Ubuntu ist aufgeschlossen, liebenswürdig und zuvorkom-

mend. Die Güte, die er durch andere erfährt, macht ihn großzügig, weil sich seine Selbstachtung und sein Selbstwertgefühl aus dem Wissen speisen, dass er Teil eines größeren Ganzen ist.«

»Weil wir aufeinander angewiesen sind, besitzen wir eine natürliche Neigung zur Hilfsbereitschaft und Zusammenarbeit ... Doch wir haben überlebt, trotz all des Bösen und all der Kriege, die über die Jahrhunderte hinweg so viel Leid und Elend brachten. Wir haben überlebt, weil wir nach Harmonie und Gemeinschaft streben – einer Gemeinschaft, in der nicht nur die Lebenden miteinander verbunden sind, sondern auch den Vorfahren Ehre und Respekt erwiesen wird. Diese Verbundenheit mit der Vergangenheit schenkt uns ein Gefühl ... dass unsere Gesellschaften im Dienst eines größeren Ganzen stehen ...

Ubuntu gibt uns zu verstehen, dass auch diejenigen, die zerstören und entmenschlichen, Opfer sind – Opfer einer grenzenlos waltenden Unmenschlichkeit, sei es die einer politischen Ideologie, eines Wirtschaftssystems oder einer geleiteten religiösen Überzeugung. Die Täter sind genauso entmenschlicht wie ihre Opfer. ...

Die ganze Menschheit ist durch ein universelles Band miteinander verknüpft. Und damit war auch das Menschsein der Folterer und Mörder unauflöslich mit dem ihrer Opfer verbunden.«

Elf Stichworte aus einer Power-Point-Präsentation von Ulrich Börngen bei einem monatlichen Treffen von IGF Stuttgart am 13.2.2008 über

Zeitlos und weltweit für eine »ewige Menschlichkeit«
»kosmische Humanitas« – »Glaube, Hoffnung und Liebe«

Urmenschliche Gottes- und Nächstenliebe – **Hermann Müller-Karpe**, 2008, aus paläolithischer Sicht
Ashoka (272-237 v.d.Z.) – Edikte von König Ashoka in Indien, insbesondere 12., über »die fremden Religionen zu ehren und von ihnen zu lernen«
Hillel (50 v. Chr.) – die Quintessenz der jüdischen Religion: »Liebe deinen Nächsten als deinesgleichen«. 3. Mose 19,18
Jesus aus Nazareth – Wir sind Zeitzeugen enormer Veränderungen im Christentum »Umkehr der Kirchen«?

Augustin (354-430) – »das höchste Geheimnis lasse sich, auf tausenderlei Weise in versöhnter Verschiedenheit ehrfürchtig verehren«

Mahatma Gandhi (1869-1948) – »ich glaube an die tiefe Wahrheit aller großen Weltreligionen«

Diedrich Bonhoeffer (1906-1945) – Aus der Bergpredigt, Math 5, »Vom außerordentlichen des christlichen Lebens«. Nachfolge, Kaiser, 1940, S. 55 ff

Friedrich Heiler 1967 – »Wir brauchen eine … Ökumene der Weltreligionen«

Heinz Zahrnt 1994 – Vom Absolutheitsanspruch zum interreligiösen Dialog. Weltverantwortung – Ökumene der Weltreligionen

Mee-Hyung Chung, 2007 **Sangsaeng** – Zusammenleben anstatt Sangkuk – gegenseitige Unverträglichkeit. Sangsaeng – bedeutet »miteinander oder wechselseitiges Leben geben« in Ostasien

Desmond M. Tutu, 2007 **Ubuntu** – Afrikanische Lebensphilosophie »beruht auf Freundlichkeit, Großzügigkeit und Güte, Fürsorge und Mitgefühl«

Vernachlässigter Konziliarer Prozeß

– für Frieden, Gerechtigkeit und Bewahrung der Schöpfung
Ulrich Börngen, IGF Stuttgart

Ein im Umfang limitierter Beitrag aus Stuttgarter Sicht. Er wurde, **Stand 2018**, angefordert von einer renommierten deutschen Kirchenzeitung. Mit der Bestätigung des Einganges wurde eine umgehende Rückmeldung angekündigt. Diese ist bis heute nicht erfolgt.

Hier wird eine geringfügig erweiterte Version vorgelegt:

Noch heute kommt Begeisterung auf durch den Aufruf zum Friedenskonzil durch Carl Friedrich von Weizsäcker auf dem legendären Evangelischen Kirchentag Düsseldorf 1985. Bemerkenswert ist, daß eine schon 1983 erfolgte und doch weitgehend unbekannt gebliebene Forderung des Ökumenischen Rates der Kirchen (ÖRK) in Vancouver zu einem Weltkongreß und zu einem konziliaren Prozeß erst durch Düsseldorf zumindest im südwestdeutschen Raum hat lebenserweckende Bedeutung entwickeln können.

Erfreulich ist, daß in der Christenheit im Südwesten schon ab 1986 eine weitgehend harmonische ökumenische Verschmelzung zwischen beiden reformatorischen Kirchenbewegungen erfolgen konnte. Speziell für Stuttgart konnte ich Margot Käßmann, damals noch im Zentralausschuß des ÖRK in Genf, zum 26.2.1986 in meine heimatliche Evangelische Kreuzkirchengemeinde Stuttgart-Heslach einladen. Das Thema lautete »Konzil des Friedens und/oder Weltkonferenz über Gerechtigkeit, Frieden und Bewahrung der Schöpfung«. Die ermutigenden und gesegneten Schritte des dann geradezu historischen Aufwachens deutscher, europäischer und Weltchristenheit für Gerechtigkeit, Frieden und Bewahrung der Schöpfung am Ende der 80iger und Anfang der 90er Jahre fanden mit der gewissermaßen »feindseligen Übernahme« der DDR praktisch ein jähes und weitgehendes Ende.

Dabei hatte gerade **1990 die evangelische Weltchristenheit auf der Weltversammlung in Seoul/Korea** »grundsätzliche Überzeugungen« zu Gerechtigkeit, Frieden und Bewahrung der Schöpfung formuliert. Sie haben bis heute in ihrer ganzen Bandbreite zunehmende beängstigende Aktualität gewonnen. In der Einleitung zu 10 Grundüberzeugungen heißt es speziell: **»Wir ... wissen, daß viele Menschen, die andere Religionen und Weltanschauungen vertreten ... Sorgen mit uns teilen und ihre eigene Sicht von Gerechtigkeit, Frieden und der Bewahrung der Schöpfung haben. Wir suchen den Dialog und die Zusammenarbeit mit ihnen. Wir folgen damit der Vision einer neuen Zukunft, die für den Fortbestand unseres Planeten unerläßlich ist.«**

Diese prophetische Forderung nach Zusammenarbeit mit »Menschen, die andere Religionen und Weltanschauungen vertreten«, haben wir uns in Stuttgart zur anhaltenden Aufgabe gemacht. Dabei wurde nicht nur allgemein eine religionsverbindende Zusammenarbeit angestrebt. Vielmehr war diese thematisch ganz gezielt auf die konziliaren Überlebensaufgaben von Gerechtigkeit, Frieden und Bewahrung der Schöpfung ausgerichtet. In allem lag uns auch eine spirituelle Gemeinsamkeit am Herzen.

Insbesondere wollten wir die damalige Verpflichtung mit Leben erfüllen, »die positiv aufbauende Kraft der Basisbewegungen zu unterstützen, die für Menschenwürde ... kämpfen und ein gerechtes und partizipatorisches Regierungs- und Wirtschaftssystem anstreben.« »Wir werden dem Anspruch widerstehen, alle geschaffenen Dinge dienten lediglich dazu, von Menschen ausgebeutet zu werden. Wir widersetzen uns ... dem Konsumdenken und der schädlichen Massenproduktion, der Verschmutzung von Land, Luft und Wasser, allen menschlichen Aktivitäten, die jetzt zu wahrscheinlich raschen Klimaveränderungen führen, sowie politischen Vorhaben und Plänen, die zur Zerstörung der Schöpfung beitragen.«
– Wie beschämend, bis heute unverändert hoch aktuell!

Über einige Brückenpfeiler kann hier berichtet werden.

Konkret war unser Anliegen, anfangs als WCRP und ab 2006 als IGF Stuttgart, www.igfstuttgart.de, universalökumenische Aktivitäten und Entwicklungen und den konziliaren Prozeß lokal und weltweit unseren Vertretern der Weltreligionen, Bahá'itum, Buddhismus, Christentum, Hinduismus, Islam und Judentums, und der Zivilgesellschaft mitzuteilen und gemeinsame Aktivitäten anzuregen. So wurden angesprochen und waren beteiligt Gruppierungen wie Ahmadiyya, Aleviten, Alt-Katholische Kirche, Anglikanische Kirche, buddhistischer Laienorden Rissho-Kosei-Kai (Japan), Bund für Freies Christentum, Christengemeinschaft, evangelische Landeskirchen, Ezidentum (Jesiden), Fokolare, jesuitischer Orden, orthodoxes und liberales Judentum, Koptisch-Orthodoxe Kirche, Quäker, Römisch-Katholische Kirche und Theologie, muslimische Said-Nursi-Bewegung, Sikhismus, persischer Sufismus, Syrisch-Orthodoxe Kirche, Tempelgesellschaft, aber auch Friedensbewegung, Kommunen und Zivilgesellschaft im allgemeinen.

Schon 1991 haben wir auf der Ökumenischen Versammlung in Erfurt in der Arbeitsgruppe: »Statt Kreuzzug Dialog und Zusammenarbeit mit Religionen« über interreligiöse Probleme und Hoffnungen gesprochen. Der Abschluß und Höhepunkt unseres Treffens war ein interreligiöses Friedensgebet erstmalig im traditionsreichen Kapitelsaal des Augustinerklosters. Bewegend, daß sich sogar der jüdische Landesvorsitzender Thüringens, Rabbiner Scharf-Katz, selbstverständlich beteiligt hat.

1994 haben wir bei einem interreligiösen Treffen die »Erklärung zum Weltethos – Die Deklaration des Parlamentes der Weltreligionen«, Chicago 1993, besprochen. Daraus resultierte ein Grußwort an die Versammlung zur Weiterführung des konziliaren Prozesses 1994 in Dresden: »Wir, Bahá'i, Buddhisten, Christen, Hindus und Muslime … hoffen, daß die Vertreter und Vertreterinnen beider religiöser Weltbewegungen in einen Dialog treten und ihre Weisheit gemeinsam zum Wohle der Menschheit versuchen, zu verwirklichen.«

Besonders motiviert wurden wir 1996 durch Carl Friedrich von Weizsäcker auf der Ökumenischen Versammlung in Erfurt auf dem Abend der Begegnung. Als Zielvorstellung für die Europäische Versammlung in Graz 1997 formulierte er: »Wohin? … Drittens müßte auch eine Zusammenarbeit mit den nichtchristlichen Religionen geschehen …«
– Bedauerlich und tragisch, daß diese dringend formulierte Aufgabe praktisch durchgängig bis heute in fast allen umfassenderen konziliaren Bemühungen total verdrängt und unbeachtet geblieben ist.

1996 erfuhren wir eine entscheidende theologische Fundierung durch ein Buch vom ganz großen DEKT-Theologen **Heinz Zahrnt: »Mutmaßungen über Gott« Kapitel 8, »Vom Absolutheitsanspruch zum interreligiösen Dialog.** *Weltverantwortung – Ökumene der Weltreligionen«*, 1994. Wir konnten ihn sogar nach Stuttgart einladen. Dieses Thema motivierte uns zu einer Gebetsstunde im Rahmen des traditionellen Stuttgarter Ökumenischen Friedensgebetes in der Hospitalkirche, Thema: »Ökumene der Weltreligionen«, als »Einheit in Vielgestaltigkeit«. Hier beteiligten sich sechs Weltreligionen. Die »Offene Kirche« in Württemberg hat den Hintergrund dokumentiert: »Die Ökumene der Weltreligionen würden Christinnen und Christen, so … [in einer] Einführung, als wichtigen Beitrag auf dem konziliaren Weg in Deutschland zur … 2. Europäischen Versammlung 1997 in Graz verstehen.«

1997 konnten wir unser interreligiöses Friedensgebet in der (katholischen) Domgemeinde in Stuttgart unter das Thema: »Geschwisterlichkeit – Alle Menschen sind Bild Gottes« stellen. Hier wurde im Gemeinde-Informationsblatt wiedergegeben: »Angestrebt wird ein spiritueller Beitrag zu dem von der UNO ausgerufenen ›Jahr des Antirassismus‹ und zu dem vom Ökumenischen Rat der Kirchen für 1997 vorgesehenen ›Ökumenischen Jahr der Kirchen‹ in Solidarität mit den Entwurzelten, als Kirche des Fremden.«

1999 wurde uns auf dem Evangelischen Kirchentag in Stuttgart durch Wahrnehmung einer eigenständigen persönlichen Verantwortung eine kommunikative Großveranstaltung zugebilligt. Wir hatten die Kirchentagslosung umgedeutet: »Religionen – Salz der Erde«. Sechs Religionen waren beteiligt, u.a. auch Bischöfin Maria Jepsen und Oberrabbiner Dr. A. Friedlander, London. Es waren 1000 Teilnehmer anwesend.

Trotz wiederholter Bemühungen war der DEKT bislang nicht mehr in der Lage, solch ein tief beeindruckendes Religionsverbindendes Friedensgebet zuzulassen. Im Gegenteil, im nachherein wurde bekannt, daß erhebliche DEKT-interne Widerstände auszuhalten waren!

2001 haben wir versucht, unter dem Jahresthema »Leben statt viel haben« aus Sicht verschiedener Religionen »zu den brennenden Fragen von Neoliberalismus in Politik, Wirtschaft und Kultur« Stellung zu beziehen. Es war unser interreligiöser Basisbeitrag zum sogenannten «Colloqium 2000«: »Glaubensgemeinschaften und soziale Bewegungen im Streit mit der Globalisierung« in der Evangelischen Akademie Hofgeismar. Es fällt auf, daß diese so außerordentlich bedeutsame interreligiöse und internationale Initiative im kirchlichen und gesellschaftlichen Raum fast keine Beachtung gefunden und keinerlei erkennbare Folgen gehabt hat.

2003 beteiligten wir uns aktiv am Projekt »Interreligiöses Europa, Europäische Begegnung« in Graz im Schwerpunkt einer »Kultur der gegenseitigen Anerkennung und des Zusammenlebens«.

2005 wurde im Rahmen unseres interreligiösen Friedensgebetes über »Wie gehen Religionen mit Natur und Naturkatastrophen um?« in der Feuerbacher DITIB-Moschee Stuttgart ein »Zusammenhang mit der sogenannten Ökumenischen Dekade ›Gewalt überwinden«, zu der der Ökumenische Rat der Kirchen in Genf für 2001 – 2010 aufgerufen« hatte, hervorgehoben.

2009 und 2010 haben wir uns mit dem **historischen »Brief von 138 muslimischen Theologen an die religiösen Führer des Christentums«** – und an die Basis – befaßt. Das ÖRK sprach von »mutiger Schritt … und eine aufrichtige Geste«. Hier konnte sogar eine größere Veranstaltung im Rathaus der Stadt durchgeführt werden. Die muslimischen Aussagen, »**Angesichts der schrecklichen Waffenarsenale der modernen Welt … [steht] unsere gemeinsame Zukunft auf dem Spiel … Vielleicht steht gar das Weiterbestehen dieser Welt als solcher auf dem Spiel … Darum laßt unsere Differenzen nicht zur Ursache von Haß und Streit zwischen uns werden. Laßt uns stattdessen wetteifern in Rechtschaffenheit und in guten Werken. Laßt uns einander respektieren, fair, gerecht und freundlich zueinander sein, und in aufrichtigem Frieden, Eintracht und gegenseitigem Wohlwollen miteinander leben.«**
– gewinnt heute mehr denn je an Bedeutung und fordert unser aller Engagement und Solidarisierung.

2011 erhielten wir von der Württembergischen Ministerin für Integration ein bemerkenswertes Grußwort für eine Veranstaltung »Interreligiöse kommunale Kooperation – Schlüssel zur Integration«. (Text Seite 132)

2013 konnten, ausgehend von der bedeutsamen Dresden-Leipziger Kirchentagsinitiative »anders wachsen« 2011/2012, verschiedene interreligiöse Veranstaltungen im offiziellen zivilgesellschaftlichen Rahmen in Stuttgart über »aktualisierte Wachstumskritik« durchgeführt werden. Beteiligt waren z.b. ein Hindu, eine Muslima, ein Pfarrer der Christengemeinschaft und namhafte Ökumeniker. Hier erhielt IGF Stuttgart im Rahmen der Initiative Stiftung Entwicklungs-Zusammenarbeit Baden-Württemberg (SEZ) und der landesweiten Initiative »Meine Welt. Deine Welt. Eine Welt.« einen Preis der Landesregierung.

2014 konnten wir für die Deutsche Ökumenische Basis-Versammlung in Mainz wichtige Veranstaltungen anregen. Es handelt sich in einem Gymnasium um einen Interreligiösen Workshop unter dem Thema: »Religiöser Widerstand verläuft sich im Sand – Konsequenzen?!« und um ein Offenes Gespräch über »Jugend interreligiös gemeinsam für ›Schutz des Lebens‹ (Leonardo Boff 2013)«.

Hier konnten wir erstmals auch mit unserem Religionsverbindenden Friedensgebet zum Thema »Die Zukunft, die wir meinen – Leben statt Zerstörung« wieder an unsere große Tradition auf dem DEKT 1999 in Stuttgart anknüpfen. An allem waren beteiligt Vertreter von fünf Weltreligionen. In diesem Zusammenhang hat unsere Gruppe eine **»Ökumenisch-interreligiöse Solidarisierungsaktion gegen nukleare Kriegsgefahr« entscheidend unterstützt. Sie wurde als offizielle Kirchentags-Resolution auf dem DEKT 2015 angenommen und an die Bundeskanzlerin Merkel geschickt.**

Diese Gedanken über Vernachlässigung von wertvollen und weltbewegenden Verpflichtungen und Visionen sollten einmal zur Anregung und weiterer Umsetzung dokumentiert werden. Sie können Zeugnis sein, was alles intensiver und nachhaltiger auf der Ebene der Kirchengemeinden und Landeskirchen sowie EKD und Ökumenischen Rat der Kirchen und in der

Zivilgesellschaft sowie in Politik und Wirtschaft hätte ablaufen können. Erweitert wäre alles natürlich auch im Rahmen internationaler Beziehungen und Kontakte in progressiven Kirchentagen und innerdeutsch Ost-West- sowie West-Ost-Gemeinschaft anzustreben.

»Wertvolle Elemente« in ökumenischer Vielgestaltigkeit der Weltreligionen

– ein Erfahrungsbericht der **IGF Stuttgart 1993-2022**, der teilweise auch unter www.igfstuttgart.de nachzulesen ist.
Mit Überschneidungen und in Ergänzung zum Konziliaren Prozeß (Seite 113)

Unsere interreligiöse Gemeinschaft besteht seit 1983, seit 1993 als WCRP unter der Leitung des Verfassers vorliegender Ausführungen und seit 2006 als IGF Stuttgart. Im Internet liegt eine Dokumentation online vor von 2011 bis 2015 und 2022.

Bis 2015 **beteiligten sich** bei unseren Treffen, alle 1-2 Monate, Vertreter aus sechs Religionen: Hindu, Buddhisten, Juden, Christen, Muslime und Baháʼi. Mehrfach haben sich auch Koptisch-Orthodoxe Kirche und Syrisch-Orthodoxe Kirche engagiert. Wertvolle und intensive Kontakte bestanden und bestehen zu weiteren religiösen und weltanschaulich neutralen Bewegungen, z.B. Ahmadiyya Muslim Jamaat Stuttgart, Vertretern von evangelischen und katholischen Akademien, Aleviten, Alt-Katholische Kirche, Anglikanische Kirche, buddhistischer Laienorden Rissho-Kosei-Kai (Japan), Bund für Freies Christentum, Christengemeinschaft, evangelische Landeskirchen, Evang. Lutheran Church of Reformation in Beit-Jala, Evangelische Akademikerschaft Deutschland, Ezidentum (Jesiden), Fokolar, Interkultureller Rat in Deutschland, Israelitische Religionsgemeinschaft Stuttgart, jesuitischer Orden, orthodoxes und liberales Judentum, Koptisch-Orthodoxe Kirche, Mennonitische Friedenskirche, mission 21 Basel/Korea, Offene Kirche Stuttgart, Vertretung aus Peking, Quäker, Römisch-Katholische Kirche und Theologie, muslimische Said-Nursi-Bewegung, Sikhismus, persischer Sufismus, Syrisch-Orthodoxe Kirche, Tempelgesellschaft, Internationaler Versöhnungsbund, Deutscher Zweig, Weltethos, Yonsei Universität Seoul Südkorea, aber auch Friedensbewegung, Kommunen und Zivilgesellschaft im allgemeinen und Hospitalhof Stuttgart, Rathaus Stuttgart, Landesregierung Württemberg, Pädagogische Hochschule Karlsruhe und zur Humanistischen Union.

Zentrale Ausgangspunkte für uns sind Begegnung mit respektvollem Einfühlungsvermögen und Offenheit, Entdeckung von Gemeinsamkeiten und Akzeptanz von Unterschieden. Wir wollen den Glauben der Anderen respektieren und uns füreinander einsetzen. Verschiedentlich ist es uns gelungen, sich gemeinsam für Frieden vor Ort und mit weltweiter Richtung, z.B. Sri Lanka und Naher Osten, einzusetzen. Gegenseitige Bekehrungsversuche (Proselytismus) und eine Verschmelzung von Religionen (Synkretismus) sind absolut undiskutabel. Aber, zweifelsohne können wir voneinander lernen. Die Unterstellung, daß eine Einheitsreligion angestrebt wird, entbehrt jeder Grundlage.

Unsere Vision ist ein größeres Aufeinanderzugehen und eine Zusammenarbeit der Weltreligionen an der Basis unseres alltäglichen Lebens wie auch auf religionsleitenden Ebenen. Konkret bedeutet dies vor allen Dingen einen Abbau von Absolutheitsansprüchen, Machtverzicht und eine Überwindung von fragwürdigen theologisch-dogmatischen Gottesbildfestlegungen. Zentral steht der Glaube an den Einen Gott, auch wenn Christen den Zugang zu Gott trinitarisch sehen.

Über kommunale religiöse Kooperation und IGF-Außenwirkung haben wir 2014 einmal offiziell dokumentiert:

Zuhören, Gespräch und Diskussion, »von Angesicht zu Angesicht« (M. Buber) zu den Themen **und Zusammenarbeit,** »Verständigung über Werte und Maßstäbe für das gesellschaftliche Zusammenleben«, »Konfliktbearbeitung« und »konstruktive Gewaltprävention«, »Abbau von Fremdbildern und Berührungsängste« und »nachhaltige Wirkungen«, die die »Integration« verbessern.

Inhaltlich haben wir uns bei unseren Treffen mit praktisch allen relevanten religiösen und gesellschaftlichen Fragen unserer Zeit befaßt. Dies erfolgte meist als Jahresthema und in Vorbereitung auf ein offizielles **Religionsverbindendes Friedensgebet.** Nachhaltig bewegend haben sich dabei spirituelle Erfahrungen im Rahmen von seit 1990 bislang 18 angeregten und gemeinsam durchgeführten Friedensgebeten erwiesen. Dies fand seinen Niederschlag z.B. in einer Publikation: Ulrich Börngen: Gemeinsam unterwegs zu einer Ökumene der Weltreligionen. Rückblick auf 12 Gebetsstunden der Religionen für den Frieden in Stuttgart und Erfurt. BoD 2007. Die Themen wurden gemeinschaftlich formuliert und an viele Religionsgemeinschaften, Kirchengemeinden und an die Öffentlichkeit herangetragen. Sie lauteten:

Weltethos 1994 ☼ Ökumene der Weltreligionen 1996 ☼ Geschwisterlichkeit – Alle Menschen sind Bild Gottes 1997 ☼ Wie geben wir unseren Glauben weiter? 1998 ☼ Religionen – Salz der Erde DEKT 1999 ☼ Leben statt viel haben – Wie können sich Religionen gemeinsam für eine menschliche und nachhaltige Zukunft einsetzen? 2001 ☼ Mystik – ein Pfad zum Ewigen 2003 ☼ Alexandriaerklärung – Ein Weg zum Frieden nicht nur im Nahen Osten 2004 ☼ Wie gehen Religionen mit Natur und Naturkatastrophen um? 2005 ☼ Zentrale Gebete der Religionen und ihre Weitergabe an die Jugend 2006 ☼ Vom trialogischen Miteinander zu einer Ökumene der Weltreligionen 2008 ☼ Lasst Gott unsere Herzen vereinen 2010 ☼ »Die Zukunft, die wir meinen – Leben statt Zerstörung«, Ökumenische Versammlung Mainz 2014 ☼ »Leben statt Zerstörung« – damit wir leben DEKT 2015 ☼ Fest für Versöhnung, Dankbarkeit und Zusammenarbeit: Mögen »alle Lebewesen ohne Sorgen leben können« 2015 ☼ Unterwegs zu Versöhnung und Einigung der Welt und für gesellschaftlichen Zusammenhalt 2022.

Die Friedensgebete fanden statt in fünf Kirchen, drei Moscheen und zweimal vor einem Hindutempel in Stuttgart, im Augustinerkloster in Erfurt, in Mainz und in Karlsruhe.

Verschiedentlich waren jährliche Höhepunkte **größere öffentliche Abend**e, z.B. mit Heinz Zahrnt oder mit Dorothee Sölle. Auch an einer großen muslimischen Gedenkveranstaltung über einen bemerkenswerten Islamgelehrten, Bediüzzaman Said Nursi, konnten wir uns 2008 in der Liederhalle Stuttgart beteiligen. Besonders wertvolle Veranstaltungen mit studentischen Muslima oder im Zusammenhang von Religionsunterricht mit einer Abiturklasse eines interreligiös interessierten Lehrers bleiben in dauerhafter Erinnerung. Als eines der bewegendsten Beispiele sei in bleibender Erinnerung unser jüdischer Bruderfreund Jan Jakubowski, sel.A., erwähnt, dem »es nicht zu nehmen [war], gewissermaßen als Abschluß unserer Gebetsstunde 2005 sogar in der Feuerbacher Moschee Stuttgart vor dem gastgebenden Imam und rund 50 muslimischen Kindern diesen Psalmvers [... Siehe, wie fein und lieblich ist es, wenn Geschwister einträchtig beieinander wohnen – auf hebräisch] zu singen.«

Ein besonderes Anliegen war uns, stets einen **Blick auf den konziliaren Prozeß für Gerechtigkeit, Frieden und Bewahrung der Schöpfung** zu nehmen und über Aktivitäten und Verlautbarungen der weltweiten christlichen (Basis-)Ökumene zu informieren und darüber zu sprechen.

So wurde **1991** dokumentiert (Holger Rothbauer), daß unmittelbar vor der Ökumenischen Versammlung in Erfurt ein Seminar mit dem Titel »Statt Kreuzzug – Dialog und Zusammenarbeit mit den Religionen« stattfand und »von Dr. Ulrich Börngen geleitet« wurde. »Neben Gebetseinheiten und einer interreligiösen Gebetstunde, an der sich u. a. der Vorsitzende der jüdischen Gemeinde von Thüringen beteiligte ... wurde ... der Horizont der Versammlung über die ›kleine‹ Ökumene hin zur großen, nämlich dem interreligiösen Dialog, erweitert.«

1994 wurde unser Grußwort von der »Weiterführung des konziliaren Prozesses Gerechtigkeit, Frieden und Bewahrung der Schöpfung« in Dresden in der Prozess-Dokumentation aufgenommen:
»Wir Bahá'i, Buddhisten, Christen, Hindus und Muslime von WCRP Stuttgart haben am 23.11.1994 bei unserem Treffen über die ›Erklärung zum Weltethos – Die Deklaration des Parlamentes der Weltreligionen‹, Chicago 1993, gesprochen. Uns sind weitgehende Übereinstimmungen zwischen den Anliegen und Zielen der Weltethosbemühungen und des konziliaren Prozesses aufgefallen. **Wir regen an und hoffen, daß die Vertreter und Vertreterinnen beider religiöser Weltbewegungen in einen Dialog treten und ihre Weisheit gemeinsam zum Wohle der Menschheit versuchen, zu verwirklichen.**«

In einem ausführlicheren Text (Börngen 2007, Seite 33) haben wir festgehalten:
»Wir stimmen dem Dokument zu und hoffen, daß es überall, insbesondere auch in unseren Religionsgemeinschaften, Anerkennung und Unterstützung

erfährt. Wir wollen in unserer Stadt und in unserem Land mitwirken, daß Ehrfurcht vor allem Leben und daß Gewaltlosigkeit, Solidarität, Toleranz, Wahrhaftigkeit und Gleichberechtigung zwischen Mann und Frau das Leben der Menschen durchdringen. **Wir möchten einen Bewußtseinswandel im Persönlichen und in unserer Gesellschaft und arbeiten für ein Erwecken unserer spirituellen Kräfte durch Reflexion, Meditation, Gebet und positives Denken, für eine Umkehr der Herzen.«**

Besonders motiviert wurden wir 1996 durch Carl Friedrich von Weizsäcker auf der Ökumenischen Versammlung in Erfurt auf dem Abend der Begegnung. Als Zielvorstellung für die Europäische Versammlung in Graz 1997 formulierte er: »Wohin? … Drittens müßte auch eine Zusammenarbeit mit den nichtchristlichen Religionen geschehen …«
– Bedauerlich und tragisch, daß diese dringend formulierte Aufgabe praktisch durchgängig bis heute in fast allen umfassenderen konziliaren Bemühungen total verdrängt und unbeachtet geblieben ist.

1996 geht aus »Informationen der Offenen Kirche« Stuttgart (Kathinka Kaden) hervor, daß ein »Ökumenisches Friedensgebet … [über] Ökumene der Weltreligionen … als wichtiger Beitrag auf dem konziliaren Weg in Deutschland zur Ökumenischen Versammlung im Juni sowie zur 2. Europäischen Oekumenischen Versammlung 1997 in Graz« zu verstehen ist. Wir hatten zusammen mit dem Hospitalhof **Heinz Zahrnt** (Präsident des DEKT 1973) eingeladen, über sein Buch »**Mutmaßungen über Gott«, »Vom Absolutheitsanspruch zum interreligiösen Dialog** *Weltverantwortung – Ökumene der Weltreligionen*« **1994**, zu berichten.

Der katholische Bischof Dr. Walter Kasper, damals Diözese Rottenburg/ Stuttgart, jetzt Kardinal in Rom, hatte mitteilen lassen, daß er sich »über Ihre Einladung zur Gebetsstunde der Religionen für den Frieden … sehr gefreut [habe] … Der Herr Bischof läßt Ihnen mitteilen, daß er die vielfältigen Aktivitäten der WCRP Stuttgart mit großen Interesse verfolgt und darin einen wichtigen Beitrag zur Verständigung der Weltreligionen sieht … Er wünscht allen Teilnehmern dieser Gebetsstunde Gottes reichen Segen und läßt ihnen … seine herzlichsten Grüße übermitteln.«

Seit dieser Begegnung 1996 mit Heinz Zahrnt in Stuttgart hat sich unsere interreligiöse Gemeinschaft für die Vision einer Ökumene der Weltreligionen vielfältig und als Daueraufgabe eingesetzt. Erst im Laufe der Jahre haben wir feststellen müssen, daß wir mit diesem Thema, auch wenn nicht wenige verantwortliche Menschen damit Probleme haben, sich zu exponieren, keinesfalls allein sind und uns so kräftig motivieren lassen können.

Schon Friedrich Heiler (1892-1967), Marburger Religionstheologe, sprach sich 1959/1967, für eine »Ökumene der großen Religionen« aus. Seit Jahren ist von bedeutenden Kirchentags-Zeitansagern eine **Weltökumene des Einen Gottes** (Albert H. Friedlander/Leo Baeck, 2002/1956) angemahnt worden. Sogar Richard von Weizsäcker, Altbundespräsident und früherer Kirchentagspräsident, hat 2006 im Zusammenhang mit einem bedeutsamen »Appell aus Baden« zu der Frage: »Was jetzt dringlich ist?«, formuliert: »Im Vordergrund steht nach meiner Überzeugung, uns mit ganzer Kraft der Ökumene der Religionen zuzuwenden.« (Börngen 2007, Seite 3)

Auf der Homepage der »Gesellschaft für eine Glaubensreform« hat Prof. Klaus-Peter Jörns 2013 »Eine unerledigte Aufgabe: Umkehr und Erneuerung – Gewalt in den Kirchen und ihre Überwindung, **Grazinitiative 1996/1997** – zur 2. Europäischen Ökumenischen Versammlung Graz 1997« dokumentieren lassen. Es handelte sich insbesondere um unsere konstruktive Kritik an reformatorisch-kirchlicher Verdammungslehre von Nichtgetauften und Andersgläubigen. Zu einem Podium **1997** hatten wir vom Ökumenischen Netz Württemberg (Karl Kircher) Dr. Elisabeth Raiser, Versoix/Genf, Prof Dr. Norbert Greinacher, Tübingen, und Padre William de Jesus, Colombia, einladen können.

»Ausgangspunkt sind ökumenisch-konziliare Basis-Initiativen zur Verfassungsänderung der Evangelischen Landeskirche Württemberg und eine Antwort auf das Arbeitsdokument, 1. Entwurf, für Graz 1997.

›Versöhnung, **Gabe Gottes und** unsere Aufgabe, als **Quelle neuen Lebens**‹ – versuchen wir, uns einzusetzen in unseren Kirchen:

- ›Kirche des Fremden‹ (ÖRK-Jahr 1997) und ›Ökumene der Weltreligionen‹. Auch aus der Kirche Ausgetretene und Nichtchristen sind Ebenbild Gottes

- Für eine Erneuerung des Christseins durch Israelerfahrung (R.Mayer) und ›Die ganze Schrift‹ (Jürgen Moltmann 1996)
- Gott gehorsam und Christi Nachfolge statt Staatsloyalität und Staatsgehorsam (CA 16), statt Verfügung über Gott und Verdammung von Andersgläubigen (CA 17)
- Gewaltfreiheit in Worten und Werken. Für Entrechtete – überall
- Fortschreibung von zweifelhaften Kirchenverfassungen (kirchlichen Basistexten), problematischen kirchlichen Amtsgelübden und nicht nachvollziehbarem geltenden Kirchenrecht
- Nächstenliebe und Weggemeinschaft statt Hierarchie
- Von persönlicher Rechtfertigung und von exklusiver Christuszentriertheit zu Reich-Gottes-Hoffnung (J.Moltmann).
- **Überwindung von Absolutheitsansprüchen.**«

1999 erschien es besonders mutig, daß die evangelische Kirchentagsleitung unserer Gemeinschaft 1999 **auf dem DEKT in Stuttgart eine »kommunikative Großveranstaltung«** in Form einer gemeinsamen Gebetsstunde der Religionen für den Frieden ermöglichen konnte. Es ist unverständlich und bedauerlich, daß dies trotz jahrelanger Interventionen bislang nur ein Einzelfall geblieben ist.

Ab 1999 wurde vielfältig publiziert, u.a. Pro Ökumenischer Informationsdienst: **»Auf dem Weg zu einer Oekumene der Weltreligionen – Tausend Teilnehmer bei einer »Gebetsstunde der Weltreligionen« beim DEKT in Stuttgart.«** Ihre Mitwirkung hatten u.a. zugesagt: Bischöfin M. Jepsen, Hamburg, Oberrabbiner Dr. A. Friedlander, London, die Generalsekretärin der Bahà'i in Deutschland, Frau S. Khabirpour und Prof. Dr. Karl Kuschel, Tübingen. »Ohne Zweifel sind wir einen Schritt näher gekommen unserer Vision für das neue Jahrtausend, daß ein größeres Aufeinanderzugehen und eine Zusammenarbeit der Weltreligionen auf religionsleitender Ebene wie auch an der Basis unseres alltäglichen Lebens im Sinne einer ›Ökumene der Weltreligionen‹ erfolgen möge und gesegnet ist.« (Börngen 2007 Seite 71)

2001 lautete unser Jahresthema und ein Friedensgebet **»Leben statt viel haben«**. Es war unsere Antwort auf das »Colloquium 2000« (Evangelische

Akademie Hofgeismar) mit dem Thema »Glaubensgemeinschaften und soziale Bewegungen im Streit mit der Globalisierung«. **Sechs Religionen gaben ihren Beitrag zu den brennenden Fragen von Neoliberalismus und Globalisierung sowie offensichtlichen Verfall von Politik, Wirtschaft und Kultur.** Ein Offener Brief blieb bis auf eine muslimische Stimme unbeantwortet. (Börngen 2007, Seite 87-104)

2003 hatte sich unsere Gruppe beteiligt am **Projekt: »Interreligiöses Europa, Europäische Begegnung« in Graz.** »Im Schwerpunkt einer ›Kultur der gegenseitigen Anerkennung und des Zusammenlebens‹ in Europa wird berichtet über den Versuch eines interreligiösen Dialogs und einer interreligiösen Zusammenarbeit in einem ganz spezifischen Umfeld einer südwestdeutschen Großstadt in den letzten zehn Jahren. Wir fassen unsere Tätigkeit und Aufgabe auf als auf dem Weg zu einer Ökumene der Weltreligionen.«

2004/2005 haben wir eine **Spendenaktion für Sri Lanka, unsere Tsunami-Hilfsaktion**, gestartet, letztlich ausgehend von dieser unmittelbaren Betroffenheit über die bei uns seit Jahren mitarbeitenden Hindufamilien. Dabei haben wir über 900 € gesammelt, die an einen katholischen Priester in Trincomalee gegangen sind. Dort haben wir u.a. drei Vollwaisen unterstützt, »mit herzlichen Grüßen an alle Kinder, insbesondere an Kirupa Srikanthan, Vijeyaregan Sebaratnam und Karthika Srirajasingam«.

2005 ist IGF Stuttgart als Zeichen einer konkreten interreligiösen Weltverantwortung und eines punktuellen gesellschaftspolitischen Engagement vor Ort **Mitglied bei dem kommunalen Stuttgarter Netzwerk Stuttgarter Partnerschaft »Eine Welt«** geworden. So haben wir uns beteiligt: **2006** an einer Aktionswoche: Stuttgart gegen globale Armut – die acht Tore der UN-Millenniumskampagne – und **2007** an einer Veranstaltung Stuttgarter Wissenschaften – Lösungen für die »Eine Welt« in der Universität Hohenheim.

2006 wurde eine Publikation in »evangelische aspekte« ermöglicht: **Trialogisch für den Frieden. Ein/der Weg ist die genuine Alexandria- Erklärung vom 21.1.2002.** Ökumene der Weltreligionen ... Dies bedeutet für uns seit 1995 keine Einheitsreligion, keine identitätswidrige Religionsvermischung, allerdings doch ein großzügiges Übernehmen der »Freiheit deiner Geschöpfe« auch aus anderen Religionen, und ist auf jeden Fall aktuell-lutherisch (2004) im Sinne einer «Einheit in Vielgestaltigkeit« zu verstehen … In heutiger Zeit erfordert es neben Dialog geradezu die Zusammenarbeit aller ›Menschen, die andere Religionen und Weltanschauungen vertreten … Interessanterweise wird in diesem Kontext … im Rahmen der Ökumenischen Dekade des Ökumenischen Rates der Kirchen »Gewalt überwinden« in einer deutschen Konsultation 2005 von »gelebter Geschwisterlichkeit« gesprochen. So haben wir mehrfach beim Evangelischen Kirchentag eine erneute Aufnahme des Alexandria-Prozesses in das Kirchentagsgeschehen (Köln) angemahnt.

So haben wir uns unter dem Ökumeneaspekt intensiv für die bedeutsame Alexandria-Erklärung eingesetzt. In ihr haben sich führende jüdische, christliche und muslimische Vertreter aus Nahost für Frieden und gegen Gewalt und Hass auf allen Seiten ausgesprochen. Sie konnten dies im Sinne einer Trialogischen Ökumene gemeinsam »im Namen des allmächtigen, gnädigen und mitfühlenden Gottes« vornehmen. Da diese große Vision christlich und weltweit nicht die notwendige Resonanz entwickeln konnte, hat IGF Stuttgart als Zwischenschritt eine **Charta des trialogischen Miteinander 2006** formuliert. Sie lautet:

Wir wollen einander mit Respekt und Offenheit begegnen.
Wir wollen Gemeinsamkeiten entdecken und Unterschiede akzeptieren.
Wir wollen den Glauben der Anderen respektieren. Wir wollen uns füreinander einsetzen.
Wir wollen spirituelles Leben gemeinsam feiern.
Wir Juden bitten Gott, dass er uns durch die Hebräische Bibel und den Talmud zu Menschen mit Fähigkeit zu Gemeinsamkeit, mit Menschlichkeit nach den zehn Geboten und mit Zukunft macht.
Wir Christen bitten Gott, dass er uns durch die Bibel in Nachfolge Jesu zu wahren Christen macht.
Wir Muslime bitten Gott, dass er uns durch den Koran zu wahren Muslimen macht.
Wir erhoffen von Gott Führung und Geduld auf unserem gemeinsamen Weg zu einander und zu einer Einheit in Vielgestaltigkeit im Sinne einer »Ökumene der Weltreligionen«.
Gelobt sei Gott, der allmächtige, gnädige und mitfühlende Gott, der Ewige.

Selbstverpflichtung

Die Unterzeichner haben einen Traum, daß nicht nur viele religiöse Menschen und viele geistige Führer aller drei Religionen diese Selbstverpflichtung unterschreiben, sondern auch versuchen, sie »in Gedanken, Wort und Handlung« vor Ort und weltweit mit Leben zu erfüllen.

Jan Jakubowski Ulrich Börngen Ali Demir IGF Stuttgart, Stuttgart, Oktober 2006

(In Anlehnung an Müller, Burkhard: Das Wort zum Sonntag, ARD, 11.2.2006)

Sie wurde von über 80 engagierten Menschen, bedeutenden Theologen und Kirchentagsverantwortlichen bis hin nach Bethlehem, Ägypten, Indien und Peking unterschrieben. (Börngen 2007, Seite 170)

2006 hat sich IGF Stuttgart im Rahmen seiner monatlichen Treffen mit der Publikation der »Offenen Kirche«, Evangelische Vereinigung in Württemberg, Aufruf an die Kirchen aller Konfessionen in unserem Land, Erinnerung und Umkehr – **Für einen offiziellen kirchlichen Gedenktag am 9. November,** befaßt. Wir haben beschlossen:

Die Vertreter von sechs Religionen, Bahà'i, Buddhisten, Christen, Hindus, Juden und Muslime, die seit vielen Jahren eng interreligiös zusammenarbeiten, fühlen sich angesprochen als Gremium, das »sich diesen Aufruf zu eigen machen« will. Wir wollen uns religionsübergreifend für diesen Aufruf einsetzen. Wir können uns mit allen Ausführungen voll solidarisieren, denn nicht nur »viele nichtreligiöse Menschen gedenken der Zerstörung der jüdischen Gotteshäuser«, sondern auch viele Vertreter aus den Weltreligionen verneigen sich in Traurigkeit und Scham vor den Vorgängen dieses 9. November 1938. Unsere Verbundenheit gilt dem jüdischen Volk, aber auch allen Minderheiten weltweit, denen unrechtmäßig Gewalt angetan wurde und angetan wird. Auch wir sprechen uns aus für Erinnerung und Betroffenheit und für den Willen, uns aktiv einzusetzen, in Hoffnung, daß sich bei uns und weltweit Toleranz und ein zwischenmenschliches und interreligiöses Miteinander entwickeln möge. Derartige Menschenverachtung und Religionsverachtung wie zwischen 1933 und 1945 darf sich nicht wiederholen.

Ulrich Börngen Stuttgart, Dezember 2006

2009 beteiligte sich IGF Stuttgart an der **landesweiten Aktion 2009 »Meine Welt. Deine Welt. Eine Welt.«** der Initiative SEZ (Stiftung Entwicklungs-Zusammenarbeit Baden-Württemberg). Der nachfolgende Text für den zentralen Aktionstag am 21. November 2009 in Karlsruhe im ZKM (Zentrum für Kunst und Medientechnologie) wurde bemerkenswerteweise vom Büro des Oberbürgermeisters der Landeshauptstadt Stuttgart aus einer umfangreicheren IGF-Dokumentation zusammengefaßt:

... **»Historischer ›Brief von 138 Muslimen‹ – Erläuterungen der koranischen Basis am Beispiel von Said Nursi und protestantische Antwort**, 18. September 2009.

Im Stuttgarter Rathaus fand die IGF-Stuttgart-Veranstaltung ›Brief von 138 Muslimen‹ statt. IGF ist eine kleine Gemeinschaft, in der sich seit 15 Jahren regelmäßig Vertreter von sechs Weltreligionen treffen. Durch interreligiösen Dialog und Zusammenarbeit wurden praktisch alle religiösen Themen abgehandelt und versucht, in die Tat umzusetzen. Die Veranstaltung wurde durch Klezmermusik umrahmt. Aus protestantisch-evangelischer Sicht wurden fünf Schwerpunkte zum Thema Religion bzw. Weltverantwortung vorgestellt, darunter z. B. die »Notwendigkeit eines ‚höflichen ökumenischen Dialogs' auch der Basis – ‚nicht nur zwischen einigen auserlesenen religiösen Führern‹. Der muslimische Beitrag nahm Bezug auf den Islam- und Korangelehrten Said Nursi und dessen Position wider die Gegnerschaft durch Besinnen auf das Gemeinsame im Glauben.« ...

<u>Laut</u> Landeshauptstadt Stuttgart, Büro des Oberbürgermeisters ... Mail vom 6.11.2009.

Für diese Veranstaltung erhielten wir in Karlsruhe einen Ehrenamtspreis. Ausführliche Dokumentationen im Gesamtprogramm der Landeshauptstadt Stuttgart dienten erfreulicherweise wenigstens im kommunalen und politischen Raum für eine dringend notwendige Verbreitung dieser sonst weit vernachlässigten hoffnungsvollen Initiative weltweiter Muslime.

Thematisch handelt es sich um

EIN WORT DAS UNS UND EUCH GEMEINSAM IST

Ein jordanischer Offener Brief und Aufruf von 138 religiösen Führern der Muslime an die religiösen Führer des Christentums von 2007 <u>www.warda. info/Ein</u> ... , der später von über 300 islamischen Theologen und über 460 beipflichtenden islamischen Organisationen und Vereinigungen aus aller Welt befürwortet wurde!

In diesem historischen Wort wurde ein entscheidender und prophetischer **Text zu Weltverantwortung, Hochrüstung und Krieg** hier auf Seite 117 wiedergegeben.

2011 fand ein IGF-Podium im Zusammenhang mit der Initiative Baden-Württemberg: Meine Welt. Deine Welt. Eine Welt. im Rathaus Stuttgart statt. Das Thema lautete: **Interreligiöse kommunale Kooperation – Schlüssel zur Integration.** Dazu übersandte die **Ministerin für Integration, Bilkay Öney,** Baden-Württemberg, folgendes schriftliches **Grußwort:**
… »die Interreligiöse Gemeinschaft für Frieden hat sich in Stuttgart seit bald zwei Jahrzehnten mit großem Engagement und mit zahlreichen Projekten für eine Verständigung zwischen den Angehörigen verschiedener Religionen eingesetzt. Ich begrüße es sehr, dass Sie während dieser Zeit auf eine Begegnung ›vor Ort‹ gesetzt haben und hierdurch zum Ausdruck kommen lassen, dass Religionen insbesondere auch auf ›nichtoffizieller‹ Ebene Begegnung und Austausch suchen müssen … Dass Sie im Rahmen Ihrer zahlreichen Initiativen auch kleinere Religionsgemeinschaften und Konfessionen wahrnehmen, macht Ihren Einsatz besonders glaubwürdig; denn nur, wer individuelle Befindlichkeiten ernstnimmt und persönliche Überzeugungen achtet, kann einen nachhaltigen Beitrag zur Integration aller Menschen in unserem Land leisten.«

Wir formulierten damals:
»Seit Jahrzehnten liegt den Vertretern der bei uns sich engagierenden fünf Weltreligionen am Herzen, unseren interreligiösen Dialog intensiv auf eine Zusammenarbeit vor Ort und weltweit, ganz besonders auch in kommunaler Kooperation, im Sinne eines umfassenden gesellschaftlichen Engagement auszuweiten, denn »Heimat« entsteht dort, wo man sich auch »einbringen« kann! Darüber konnte auf einer gut besuchten Podiumsveranstaltung von muslimischer, hinduistischer und christlicher Seite beispielhaft mit Dankbarkeit und Hoffnung berichtet werden. Die vielfach erfolgreichen Bemühungen könnten freilich durch noch größere kommunale und besonders pressemäßige Unterstützung gefördert werden.«

2013 haben wir ein viel beachtetes interreligiös-weltbürgerliches Podium beim SOFa-Kongreß 2013 im Kulturzentrum Forum 3 in Stuttgart durchführen können. Es stand unter dem Thema »**Weltreligionen und Weltbürger bekennen Farbe zu ›anders wachsen‹** (2011)«. Auf dem Podium saßen von IGF unser Hindu Yoganathan Putra und unsere Muslima Cäcilia Demir, außerdem Paul Schobel, katholischer Betriebsseelsorger aus Sindelfingen, Friedrich Gehring, evangelischer Pfarrer aus Stuttgart, und Dr. Michael Müller, Vorsitzender NaturFreunde Deutschland, Berlin.

Außerdem haben wir uns auf der Internationalen Messe »Fair Handeln« Stuttgart beteiligen sowie eine Einführung zum Thema »Aktualisierte Wachstumskritik aus protestantischer Sicht« hören können. Ein Abend aus der Sicht der Christengemeinschaft Stuttgart stand unter dem Thema »Der Mensch lebt nicht vom Brot allein … – Wie finden wir die Heilungskräfte für das Krebsgeschwür des grenzenlosen Wirtschaftswachstums?«

Im Bürgerhaus Stuttgart-Möhringen konnten wir das Jahresthema aufgreifen mit einem Vortrag und einem Podium unter dem Motto: **Aktualisierte Wachstumskritik aus muslimischer Sicht und interreligiöser Diskurs.** Cäcilia Demir, Religionswissenschaftlerin, und Dr. Ulrich Börngen, mit kleiner Bewirtung und viel Gesprächsmöglichkeit, im Rahmen der Initiative Stiftung Entwicklungs-Zusammenarbeit Baden-Württemberg (SEZ) und der landesweiten Initiative Meine Welt. Deine Welt. Eine Welt. 2013.

Zur aktualisierten Wachstumskritik aus muslimischer Sicht: Koranvers: »O Kinder Adams … esst und trinkt, aber seid nicht maßlos (verschwenderisch)« Sure Araf 7: 31 hörten wir einen wertvollen Kommentar über Said Nursi »Zur Ökonomie«. Abschließend wurden zentrale Schwerpunkte zur Wachstumskritik aus Sicht des Buddhismus, Christentums, Hinduismus und Judentums dargestellt. Endlich ist eine gemeinsame Antwort und ein gemeinsames Handeln aller Weltreligionen zusammen mit allen WeltbürgernInnen guten Willens zu den zerstörerischen Zeichen der Zeit überfällig.

2013 haben wir die Vorstellungen von Prof. Ulrich Duchrow, Heidelberg, unterstützt, eine »**befreiungstheologische Oekumene der Religionen**« aufzugreifen und als »neues Paradigma« begründen zu wollen.

2014 konnte IGF Stuttgart zu einem Workshop auf dem SOFa-Kongreß Stuttgart einladen. Thema: »**Ein anderes Europa**«: Christlicher Widerstand verläuft sich im Sand – Konsequenzen?! Referent Dr. Ulrich Börngen und Co-Referent: Lic. theol. Peter Schönhöffer M.A., Ingelheim. »SOFa« war mit rund 70 verschiedenen Initiativen neben den AnStiftern die größte zivilgesellschaftliche Plattform im Stuttgarter Raum.

Aus einer Presseerklärung vom 7.2.2014 geht hervor:

»Ein historischer Rückblick auf bedeutsame, geradezu radikale Äußerungen christlicher Initiativen bietet brisante und hochinteressante Aussagen zur Bewältigung der ›Vielfachkrisen‹ unserer Zeit. Ursprünglich dürfte für die beklagte weltweite Zerstörung ungebremster Wachstumswahn und neoliberaler Kapitalismus verantwortlich sein. So wurde Bezug genommen u.a. auf … [1561, L. Ragaz 1903, Bonhoeffer, Seoul, Ev. Stadtverband Stuttgart, Colloqium 2000, ›anders wachsen‹]. Insbesondere wollten wir erfahren, was das offizielle ›System Kirche‹ (L. Ragaz 1903) aus allem gemacht hat und vor allen Dingen intensiv gemeinsam über Konsequenzen nachdenken und gemeinsame Schritte erarbeiten. Erfreulicherweise waren Vertreter aus drei Weltreligionen und interessierte christliche Minderheiten anwesend.«

Seit 2014/2015 läßt sich feststellen und ist zu hoffen, daß unter dem Motto »**Konziliar unterwegs zu einer Ökumene der Weltreligionen**« endlich die Verwirklichung einer historischen Verpflichtung der ökumenischen Weltchristenheit von Seoul 1990 beginnt, sich zu erfüllen. Demgegenüber zeigt bedauerlicherweise dominierende institutionelle Kirche bis hin zum einst so hoffnungsvollen Kirchentagsgeschehen eher dogmatisch fixierte restaurative Tendenzen.

Ein Lichtblick stellt die **Ökumenische Versammlung 2014 in Mainz** dar. Sicher war ein Höhepunkt das von IGF Stuttgart ausgerichtete Religionsverbindende Friedensgebet mit Vertretern von sechs Weltreligionen und drei christlichen Konfessionen. In einem Grußwort betonte Jörg Zink »gute Wünsche für Ihre Veranstaltung … Es zeigt sich heute überdeutlich, dass der Mensch auf dieser Erde intelligent genug ist, seine eigene Kultur und seinen Planeten zu zerstören, aber zu einfältig, um dabei zu überleben … Es muß sich zeigen, ob die Religionen dieser selben Erde eine Weisheit haben,

Wege zu zeigen, auf denen das Leben bewahrt werden kann … in ›Allianz der Religionen‹ und in ›Vollmacht der Einzelnen‹.«

Von großer Bedeutung ist die von der Versammlung angenommene »Mainzer Botschaft«. Sie bietet eine Fülle von religionsmotivierenden Aussagen zu gemeinsamem Handeln an, z.B. »Frühe jüdische Propheten, Vertreter anderer Weltreligionen und Jesus von Nazareth traten öffentlich auf – so auch wir, weil Gerechtigkeit, Frieden und Ablassen von der Schöpfungszerstörung Anliegen der Menschen-Gemeinschaft sind … Wir können dabei auf unsere Fülle an biblischen Überlieferungen, aber auch anderer Philosophien und Religionen zurückgreifen … In ›Allverbundenheit‹ bitten wir … um die Unterstützung aller gesellschaftlicher Kräfte, die sich für das Überleben der Menschheit engagieren, und bieten allen diesen Kräften unsere Unterstützung an … [im Sinne] einer Ökumene des Miteinander aller Religionen und Weltanschauungen gegen Intoleranz und gruppenbezogene Menschenfeindlichkeit«. Damit wurden zumindest entscheidende potentielle Weichen gestellt für unsere Weiterarbeit in Kirche und Gesellschaft.

2015 hat merkwürdigerweise die Leitung des DEKT in Fulda eine Beteiligung von bundesweit überzeugender ökumenisch-konziliarer Basisbegleitung zum Thema Frieden am Kirchentag in Stuttgart nicht zugelassen. Daraufhin wurde auch durch Initiative von IGF Stuttgart das alternative **»Zentrum für Frieden Krieg überwinden – gewaltfrei leben und handeln«** gegründet und unterstützt. Hier haben wir uns in dreifacher Weise einbringen können:

1. Zu einem **offenen interreligiösen Gespräch** und Podium über die »Mainzer Botschaft« der Ökumenischen Versammlung 2014 konnten wir in tief bewegender großartiger Brüderlichkeit zwei Hauptreferenten, Dr. Alois Odermatt, schweizer Historiker und katholischer Theologe und den evangelisch-lutherischen Pastor Klaus-Georg Poehls aus Hamburg gewinnen. In ihren Beiträgen führten sie aus:

Realität eines Guten Lebens *von Wenigen*
und die Realität eines <u>Guten Zusammenlebens aller Menschen</u>
Fünf mögliche und notwendige Schritte:

- Transformation auf sozialer, ökologischer, ökonomischer und politischer Ebene voranbringen
- **Erinnerung der Fülle an biblischen Überlieferungen, aber auch anderer Philosophien und Religionen**
- Kirchengemeinden [und alle religiösen Gemeinschaften] zu Orten der Transformation, zu Werkstätten für soziale, ökologische und gewaltüberwindende neue Wege machen
- In Allverbundenheit auf alle gesellschaftlichen Kräfte zugehen, die sich für das Überleben der Menschheit engagieren und all diesen Kräften unsere Unterstützung anbieten.
- **Eine Ökumene des Miteinanders aller Religionen und Weltanschauungen gegen Intoleranz und gruppenbezogene Menschenfeindlichkeit fördern.**

Alois Odermatt, Steinhausen/Zug (Schweiz), Mai 2015

»Initiative Weltethos« der Kirchengemeinde Blankenese Hamburg

Laut Internet-Bericht vom 4. Dezember 2014 versucht die Kirchengemeinde, möglichst viele Einzelpersonen für dieses Weltethos zu öffnen.

Dazu sind »zwei elementare Prinzipien« grundlegend:

Humanität und Solidarität.

Daraus ergeben sich vier Selbstverpflichtungen, zu denen sich nach Hans Küng von jeher alle Religionen und viele philosophische Schulen bekennen:

- **Ehrfurcht vor jedem Leben [Albert Schweitzer, 1915]**
- **Handeln in Ehrlichkeit und Fairness**
- **Wahrhaftigkeit im Reden und Handeln**
- **Partnerschaftlichkeit und Respekt dem anderen Geschlecht und**
- **anvertrauten Menschen gegenüber**

Im Leitbild der Blankeneser Kirchengemeinde wurde die Zusammenarbeit mit der Stiftung Weltethos festgeschrieben.

– ein einzigartiges Beispiel in Deutschland, ein großartiges und nachahmenswertes Beispiel für alle Kirchengemeinden und religiösen Gemeinschaften.

Klaus-Georg Poehls, Ev.-Luth. Kirchengemeinde Blankenese, Hamburg

Hochinteressant war der Hinweis auf eine Asiatische Bischofskonferenz mit bemerkenswerten dialogischen Schwerpunkten:

Asiatische Bischofskonferenz, mit ihrer vierfachen Form des Dialogs, die zusammengehören, ineinander wachsen und eine Kultur der Harmonie bilden

Grundlegend <u>Dialog des Lebens</u>

die spontane, alltägliche, nachbarschaftliche Beziehung mit Andersglaubenden

<u>Dialog des Einsatzes</u>

d.h. gemeinsames Eintreten für Gerechtigkeit, Frieden und Bewahrung der Schöpfung

Vertiefung durch <u>Dialog der Spiritualität</u>

Glaubende verschiedener Religionen kommen zusammen, um gemeinsam die heiligen Schriften zu lesen, Einsichten auszutauschen und sogar miteinander zu beten.

Die letzte Form sei der <u>Dialog der Theologie.</u> Hier werden gemeinsam Glaubensfragen reflektiert und Erkenntnisse mitgeteilt.

Diese vier Dialogformen fallen nicht auseinander, sondern sie wachsen ineinander und bilden eine **Kultur der Harmonie**

und wir fügen hinzu: **_eine Kultur der Liebe_**

2. Im »Zentrum Frieden«, getragen von der deutschen Ökumene-Basis, konnte IGF Stuttgart am 4. Juni 2015 ein **Religionsverbindendes Friedensgebet** in Zusammenarbeit mit der Yeni Camii – Moschee Stuttgart im Rahmen des »Festes der Begegnung«, im Festzelt Stuttgart-Feuerbach, während des Deutschen Evangelischen Kirchentages 2015 feiern.

Thema: »Leben statt Zerstörung« – damit wir klug werden.

Neben unseren IGF-Geschwistern Yoganathan Putra (Hinduismus) und Cäcilia Demir (Islam) konnten sich beteiligen, **stichwortartig Inhalt der vorgetragenen Texte:**

Buddhismus Genpo Döring 道輪 玄峰 , Dinkelscherben bei Augsburg Gier, Hass und Ignoranz führen zu Umweltzerstörung, Hunger und Krieg – Wirtschaftswachstum als Raubtierkapitalismus – Mögen alle Wesen glücklich sein

Ezidentum Hatab Omar, Hannover

Gott ist der Schöpfer und Ursprung allen Seins – Als erstes hat Gott Tausi Melek erschaffen zum Begleiter und Helfer der Menschen und zum Wohlergehen der gesamten Kreatur und Natur, zur Verbreitung von Sicherheit und Frieden – Jeder Mensch ist einmalig, gleichwertig und hat gleiche Rechte
Judentum Joseph Rothschild, Tübingen
Anders wachsen: Gegen Hochmut und Grenzenlosigkeit – Gestaltung des friedlichen humanen Miteinanders – Keine Konsum-Gier und keine Konsum-Manipulation
Römisch-Katholisches Christentum Hermann Benz, Stuttgart
(in memoriam, gestorben am 16.4.2015), nach einem Beitrag im Friedensgebet 2001, Thema: Leben statt viel haben (Börngen 2007 Seite 94), Frieden ist Herzstück aller Religionen – Große Vorbilder – Allein Liebe
Evangelisches Christentum Klaus-Georg Poehls, Hamburg
Überwindung dunkler Vergangenheit – Alles ist Liebe und Gnade – Vom Reichtum der Religionen lernen – Mit vielen kleinen Schritten Frieden – Gemeinsames Gastmahl
Syrisch-Orthodoxe Kirche Habip Önder, Göppingen
Altorientalische Kirchentradition – Weltkatastrophen benötigen ein »weises Herz« – Gott ist Güte, Barmherzigkeit, Licht und Gerechtigkeit.

3. Einer **Presseerklärung** im Juni 2015 kann ein ganz besonderes Engagement von IGF Stuttgart entnommen werden:
Am 6.6.2015 wurde auf dem Deutschen Evangelischen Kirchentag in Stuttgart in der Alten Stuttgarter Reithalle im Geistlichen Zentrum *Pilgerweg der Gerechtigkeit und des Friedens* mit großer Mehrheit nachfolgende offizielle **Kirchentags-Resolution** unter dem Titel: Ökumenisch-interreligiöse Solidarisierungsaktion gegen nukleare Kriegsgefahr angenommen. Offiziell wurden 580 TeilnehmerInnen festgestellt, 4 Gegenstimmen gezählt und rund 10% Enthaltung.

An: Bundeskanzlerin Dr. Angela Merkel, Berlin,
Bundeskanzler Werner Faymann, Österreichische Bundesregierung, Wien und an Internationales Komitee vom Roten Kreuz (IKRK)

Text: Ein interreligiöser Workshop auf der Ökumenischen Versammlung

(OeV) 2014 in Mainz solidarisiert sich und unterstützt die Internationale Rotkreuz- und Rothalbmondbewegung (des Delegiertenrates, in dem Vertreter des Internationalen Komitees vom Roten Kreuz (IKRK) und 187 nationale Rotkreuz- und Rothalbmondgesellschaften vertreten sind) in ihrem wiederholten Einsatz 2011 und 2013 gegen jede drohende nukleare Kriegsgefahr. Diese interreligiöse Solidarisierungsaktion wurde laut Protokoll des Auswertungstreffens der OeV Mainz am 6.6.2014 angenommen. Als Vertreter von mehreren Weltreligionen begrüßen wir vor allen Dingen, dass im IKRK weltweit religionsübergreifend existentiell nuklearbedrohende Gefahren benannt und in vorbildlicher Gemeinschaft für »Leben statt Zerstörung« kritisiert werden. In einem angeregten lockeren Ökumenischen Arbeits-Unterstützer-Kreis wird als nächstes versucht, mit der Evangelischen Kirche in Deutschland (EKD) und der Organisation Internationale Ärzte für die Verhütung des Atomkriegs (IPPNW), deutsche Sektion, und auch im Rahmen des Deutschen Evangelischen Kirchentages zur Fortführung des Prozesses eine Allianz zu entwickeln.

Hintergrund: Der Delegiertenrat des IKRK hat 2011 eine Resolution »Initiative zur Abschaffung von Nuklearwaffen« angenommen. Diese wurde 2013 bestätigt: Der Delegiertenrat »Wiederholt seine tiefe Besorgnis über die katastrophalen humanitären Folgen eines jeglichen Einsatze von Nuklearwaffen« wegen drohendem »unsagbaren menschlichen Leidens« und der Bedrohung »für die Lebensmittelproduktion, die Umwelt und für künftige Generationen«. Der Rat »begrüßt fortlaufende und neue Initiativen, die mithelfen, ... dass Nuklearwaffen« abgeschafft werden.

Uns ist wichtig, dass diese Resolution im IKRK gemeinsam von Ländern mit unterschiedlichstem religiösen Hintergrund und atheistisch-agnostischer Prägung in großartiger Allianz unterstützt wurde. Damit kommt auch ein großes Anliegen vom historischen »Brief und Aufruf von 127 religiösen Führern der Muslime« von 2007 zur Geltung: »Angesichts der schrecklichen Waffenarsenale der modernen Welt ... steht unsere gemeinsame Zukunft auf dem Spiel. ...Vielleicht steht gar das Weiterbestehen dieser Welt als solcher auf dem Spiel ... wenn wir nicht aufrichtig alle nur denkbaren Anstrengungen unternehmen, Frieden zu schließen und in Eintracht zusammen zu finden.«

Beschluss:
Wir unterstützen Anliegen der Mainzer Ökumenischen Versammlung 2014.
Wir fordern die Bundesregierung auf, die österreichische Initiative für ein
völkerrechtliches Abkommen zum umfassenden Verbot von Atomwaffen
zu unterstützen.
Wir unterstützen die Forderung von ICAN Deutschland (international
campaign to abolish nuclear weapons) an die Bundesregierung, deutschen
Finanzinstituten Investitionen in Unternehmen, die an der Entwicklung
von Atomwaffen und ihren Trägersystemen beteiligt sind, zu untersagen.
Verantwortlich und Antragsteller: PD. Dr. med. Ulrich Börngen, Stuttgart

Im Vorfeld, um beim DEKT überhaupt eine Resolution einreichen zu können, mußten 100 UnterstützerInnen gewonnen werden. In der nachfolgenden **Unterstützerliste** sind 40 Initiativen, Institutionen, Gruppen bzw.
meist verantwortliche Mitglieder in ihnen und Einzelpersonen aufgeführt,
die sich als »Menschen guten Willens« zum Erhalt dieser Erde solidarisiert
hatten (alphabetisch, Auswahl):

**Ärztekammerliste Baden-Württemberg »Ärztinnen und Ärzte in sozia-
ler Verantwortung«,** Dr. Christoph Ehrensperger, Sindelfingen
Aktionsgemeinschaft Dienst für den Frieden, Pfr. Horst Scheffler, Vor-
sitzender, und Jan Gildemeister, Geschäftsführer, Bonn
Franz Alt, Baden-Baden, www.sonnenseite.com
AnStifter Stuttgart, Dr. Hildegard Zürn-Müller
(Konziliare) **Arbeitsstelle PRAKTISCHE SCHRITTE,** Kirchenkreis Bad
Hersfeld, Michael Held
Wolfgang Schlupp-Hauck, Sprecher **atomwaffenfrei.jetzt,** Schwäbisch
Gmünd
Christian Buchholz, Bad Boll-Dürnau, Schuldekan i.R., **Mitglied im Stif-
tungsrat Internationale Jugendbegegnungsstätte Auschwitz**
Buddhistischer Verein Nichiren Sangha Heidelberg, Vorsitzender Dr.
Yukio Matsudo
Bund der Religiösen Sozialistinnen und Sozialisten Deutschlands, Bun-
dessprecher Dr. Reinhard Gaede, Herford
Christengemeinschaft, Pfr. Alfred Wohlfeil, Stuttgart

Deutsche Friedensgesellschaft – Vereinigte KriegsdienstgegnerInnen (DFG-VK), Bundessprecher Roland Blach, Stuttgart

Ezidische Akademie Hannover, Vorsitzender Hatab Omar, Hannover

Lutz Drescher, **Geschäftsführer der Deutschen Ostasienmission,** Evangelisch Mission in Solidarität, Stuttgart

Dr. Martin Arnold, Essen, **Arbeitsgruppe Gütekraft**

Friedens- und Begegnungsstätte Mutlangen, Vorsitzender Volker Nick, Mutlangen

Friedenswerkstatt Mutlangen, Vorstandsmitglied Lotte Rodi, Schwäbisch Gmünd

Gesellschaft für eine Glaubensreform, 1. Vors. Prof. Dr. Klaus-Peter Jörns, 82335 Berg

Gesellschaft Kultur des Friedens, Henning Zierock, Tübingen

IGF Stuttgart mit Vertreter aus Islam, Hinduismus, Judentum, Buddhismus und Christentum

Interkultureller Rat in Deutschland, Vorsitzender Jürgen Micksch, Frankfurt

IPPNW, Deutsche Sektion, für den Vorstand, Prof. Dr. Ulrich Gottstein

IPPNW Stuttgart, Dr. Jörg Schmid, und **IPPNW RegioContakt Süd-Treffen, 31.1.2015** (per akklamationem von 30 Teilnehmern einstimmig angenommen)

Kazuhiko Kobayashi, Tokyo, Japan, Überzeugungsaktivist

Kairos Europa, Vorsitzender Prof. Dr. Ulrich Duchrow, Heidelberg

Lebenshaus Schwäbische Alb, Geschäftsführer Michael Schmid, Gammertingen

NaturFreunde Deutschland, Bundesvorsitzender Dr. Michael Hans Müller und **Bundesgeschäftsführer** Hans-Gerd Marian

Ökumenische Versammlung Mainz 2014

Oekumenisches Netz in Deutschland, Sprecher Michael Held, Bad Hersfeld

Ohne Rüstung leben, Paul Russmann, Elfriede Müller, Stuttgart

Stefan Schneider, Stuttgart, Geschäftsführer von **Pax-christi Rottenburg-Stuttgart**

Religions for Peace, röm.-kathol. Pfarrer Hermann Benz, Stuttgart

Stuttgart Open Fair, SOFa-Netzwerk

Stuttgarter Stolperstein-Initiativen, Koordination Harald Stingele
The Presbyterian Church in the Republic of Korea, Prof. Dr. theol. Hyun
Chung, Seoul
Verband der Evangelischen Studierendengemeinden in Deutschland,
Dr. Uwe-Karsten Plisch, Hannover
Verein Afrokids e.V., Vereinsleitung Tshamala Schweizer und Celine
Schwinge, Korb
Zeichen der Erinnerung (Gedenkstätte im Stuttgarter Nordbahnhof), 1.
Vorsitzender, Prof. Roland Ostertag, Stuttgart
Pfarrer **Prof. Dr. Jörg Zink, Stuttgart,** freier Publizist Mai 2015

2022 werden wir motiviert durch den bahnbrechenden **Aufruf an die ÖRK-Vollversammlung**: »Diese Wirtschaft tötet: Den Schrei der Erde und der
Armen hören und die Ketten der Ungerechtigkeit für die ganze Schöpfung
lösen (Jes 58,6)« vom Juli 2022 (Martin Gück, Franz Segbers).

IGF Stuttgart unterstützt:
**»Eine Ökumene der Kirchen und aller Religionsgemeinschaften zur
Überwindung unserer zerstörerischen Weltordnung** ... ANGE-
SICHTS DESSEN, DASS die Sorge um die Schöpfung Kirchen und
Religionsgemeinschaften eint, erkennen wir, dass der gemeinsame Glaube
alle Gläubigen inspiriert und ihnen Kraft gibt, den Schrei der Armen
und der Mutter Erde zu hören und gütiger, respektvoller und weiser mit
der Erde umzugehen. **Diese Spiritualität verbindet die christlichen
Kirchen mit den Schwestern und Brüdern im Judentum, im Islam,
dem Buddhismus und vielen anderen Religionen weltweit** ... Die Kirchen müssen ... den Konflikt mit den Mächtigen und den Plünderern
der Schöpfung wagen ... den konziliaren Prozess für Gerechtigkeit, Frieden und Bewahrung der Schöpfung neu beleben ... ihre Kirchenmauern
unverzüglich überwinden und Allianzen bilden«. **»Wir brauchen eine
Ökumene der Religionen, Glaubensgemeinschaften und aller Menschen zum Schutz der Mutter Erde und aller, die diese schöne Erde
bewohnen. Die Zeit drängt.«**
Und wir unterstützen die Feststellung und Forderung:
»Das Scheitern der neoliberalen Globalisierung und die mangelnde

Zukunftsfähigkeit des Kapitalismus ... Dieses sozial-ökologische Dilemma wird jedoch durch die Wiedererlangung eines Primats der Politik nicht beseitigt. Deshalb muss die Politik mit den Triebfedern kapitalistischen Wirtschaftens, nämlich der Maximierung von Profit und Wachstum, brechen.«

Siehe auch Seite 89.

Ein Modell und Weg könnte die Verwirklichung von »**Konvivialismus**« (Börngen 2020) sein und mit anderen weltweiten Bewegungen zum Erfolg führen.

Ab etwa 2015 hat sich unsere IGF-Gruppe so stark demographisch verkleinert, sodaß wir uns nur noch sporadisch einsetzen können (Seite 72). Dies konnte z.B. im Rahmen der Weltversammlung des ÖRK in Karlsruhe im September 2022 durch ein weiteres Religionsverbindendes Friedensgebet erfolgen. Darüber wurde auf den Seiten 69 - 92 berichtet.

»Gruppenbezogene Menschenfeindlichkeit«

– institutionell durch Politik und Wirtschaft
z.T. offizielle Verlautbarungen, Stand 2015/2016

Die Ökumenische Versammlung Mainz 2014 hat in ihrer Mainzer Botschaft die Gruppenbezogene Menschenfeindlichkeit – GMF – **als Widerstands-Selbstverpflichtung** (epd Dokumentation 40, 7.10.14, S. 43) überzeugend aufgegriffen. In Vorbereitung, Durchführung und dem Versuch einer Nacharbeit konnten wir uns intensiv beteiligen. Die fundamentale Bedeutung des soziologisch und gesellschaftspolitisch leider weitgehend versteckt gebliebenen Themas GMF war sicher ein Hauptanlaß, daß sich IGF Stuttgart mit dieser Thematik insbesondere auch aus religionsverbindender Perspektive ausführlicher befaßt hat.

In Stuttgart fand am 18.6.2015 ein kommunales Austauschtreffen zur kommunalen Vernetzung von Akteuren und Initiativen, die sich in den Themenfeldern »**Gruppenbezogene Menschenfeindlichkeit,** Rassismus, Rechtsextremismus und Diskriminierung aufgrund von Herkunft, Aussehen, Religion engagieren«, statt. Eingeladen hatte das Forum der Kulturen. Auch hier haben wir uns grundlegend und wegweisend einbringen können und Mitarbeit angeboten.

Der Begriff des sozialwissenschaftlichen Syndroms »Gruppenbezogene Menschenfeindlichkeit« geht auf eine empirische Langzeituntersuchung von Konflikt- und Gewaltforschung der Universitäten Bielefeld und Marburg durch Wilhelm Heitmeyer, Bielefeld 1990, zurück.

Zweifelsohne haben die in Bielefeld und Marburg wissenschaftlich untersuchten Teilphänomene von Fremdenfeindlichkeit, z.B. Rassismus, Abwertung des Religiösen, des sexuellen und sozialen Andersseins gerade in unserer Zeit zunehmende Bedeutung. HEUTE ist zunehmend unter der Last existentiell bedrohender weltweiter Krisen mehr denn je eine **Fortschreibung und Weiterentwicklung des Begriffs GMF** geboten.

Insbesondere bedarf ein starker und hochbrisanter Ansatz der Bielefeld-

Marburger Bemühungen, der Schwerpunkt **Etabliertenvorrechte**, dringend und intensiv wissenschaftlich und zivilgesellschaftlich, politisch und wirtschaftlich, sowie juristisch und religiös einer umfangreichen Aufarbeitung. Dies darf nicht nur universitär in abgeschottetem Rahmen erfolgen, sondern muß gemeinsam in bürgerschaftlicher Allianz auch ohne einengende Definitionen erfolgen.

Menschenrechte werden nicht nur durch Fremdenfeindlichkeit, Rassismus und Abwertung des religiösen, sexuellen und sozialen Andersseins verletzt. Zunehmend führt eine institutionelle und strukturelle Diskriminierung durch gruppenbezogene Menschenfeindlichkeit infolge politisch-wirtschaftlicher Gruppenbezogenheit zu bedrohlichen Entwicklungen in der Welt. Unübersehbar handelt es sich zumeist um neoliberale Verantwortungslosigkeit, Gier und Machstreben durch weite Teile von Politik und Wirtschaft. Diese Aufarbeitung wäre sicher auch ein grundsätzlicher und entscheidender Beitrag zur Überwindung vieler Entwicklungen in unserer Zeit, die in Europa und weltweit zu katastrophalen Mißständen und zu einer zunehmend die Menschheit belastenden unvorstellbaren Schere zwischen Arm und Reich geführt hat.

Insbesondere durch den »**militärisch-industriellen Komplex**« (Ch. W. Mills 1956, D.D. Eisenhower 1961, H.-E. Richter, 2003) entwickelt sich unter weitgehender Ausschaltung demokratischer und vernünftiger politischer Einflußnahme eine zunehmend bedrohliche und ungebremste Hochrüstung von Waffen, eine Entwurzelung des Menschen weltweit und Zerstörung letzter Ressourcen dieser Erde. Diese Fehlentwicklungen sind die Hauptursachen unserer ›aus den Fugen‹ geratenen Welt (Shakespeare 1602) als existentielle Bedrohung und Gefahr der Menschheit und der ganzen Erde überhaupt.

Dringend ist eine schonungslose Offenlegung unabdingbar, damit auf allen Ebenen und zwischenmenschlichen Bezügen eine Umkehr und Transformation entwickelt werden kann. Dies wäre sicher auch ein entscheidender Beitrag zur Überwindung der Fluchtursachen derzeit erlebter dramatischer Flüchtlingssituation und überhaupt vieler Entwicklungen in unserer Zeit, die weltweit erkennbar, nicht zum Besten der Menschheit dienen. So gehört zur wirksamen Überwindung neben zivilgesellschaftlich »**Empörung und**

Engagement« insbesondere auch eine »**Unterstützung von Maßnahmen, die das Erleben von Gleichwertigkeit ermöglicht**« (A. Zick 2006).

Diese existentiell-entwicklungspolitische Bildungsthematik GMF hat sich IGF Stuttgart zur großen interreligiösen Aufgabe gemacht.

Bislang konnten wir 2015 auf der 4. Interreligiösen Konferenz des Interkulturellen Rates in Deutschland in Frankfurt /Main ausführlich über den interreligiösen Gehalt der »Mainzer Botschaft 2014« berichten und 2016 das Thema auf dem SOFa-Kongreß Stuttgart mit einer Power-Point-Präsentation in größerem offiziellen Rahmen einbringen. Eine intensive Diskussion wurde im Dialogforum Stuttgart mit muslimischer Jugend ermöglicht, später auch im Rahmen eines Regionaltreffens vom Deutschen Versöhnungsbund.

Im Welthaus Stuttgart konnte die Thematik in der AG Menschenrechte in der UN-Themenreihe »Menschenrechtsverletzungen im 21. Jahrhundert« aufgegriffen werden. Thema: **Institutionelle Verletzung der Menschenrechte durch Politik und Wirtschaft - Einige Beispiele und Konsequenzen**. U.a. beteiligten sich 6-8 Schwarzafrikaner mit starker Befürwortung intensiv an der Diskussion.

In diesem Zusammenhang sei auf eine äußerst wertvolle, auch als Laie lesbare und meist verständliche Publikation verwiesen: **Naucke, Wolfgang: Der Begriff der politischen Wirtschaftsstraftat – Eine Annäherung, LIT Berlin 2012**. Prof. em.. Dr. jur., ehemaliger Richter am ORL Frankfurt/Main und Dekan Juristische Fakultät in Kiel und Frankfurt/Main.

Einiges aus der Einleitung soll nachfolgend zitiert werden. Alles ist **ein beeindruckendes Plädoyer gegen »Menschenfeindlichkeit«:**

… »**ob es … Vernichtung der Lebensgrundlage vieler Bürger als Folge zu verantwortender wirtschaftlicher Entscheidungen gibt, begleitet die Wirtschafts- und Finanzkrisen der Moderne …**

Zur Beurteilung der Spekulation in der Weltwirtschaftskrise nach 1928 hat der damalige amerikanische Präsident Herbert Hoover (1874-1964) in seinen Memoiren festgehalten: ›Es gibt Verbrechen, die viel schlimmer sind als Mord, Verbrechen, für welche Menschen geächtet und bestraft werden sollten‹ …

Die Konstanz, mit der in der Moderne die Frage der Strafwürdigkeit machtvoller zerstörerischer ökonomischer Handlungen gestellt wird, muss schließlich das berufsmäßig betriebene positive Strafrecht zur Stellungnahme aufrufen …

Es geht um die strafrechtliche Reaktion auf politisch mächtige, den einzelnen Bürger schädigende Wirtschaftsverläufe. Der folgende Text ist begleitet von dem **Zweifel, ob ein verselbständigter mächtiger Teil der Gesellschaft – die Träger des Wirtschafts- und Finanzsystems – jemals ohne massiven Widerstand eine Beurteilung durch das Strafrecht zulassen wird. Das ist ein Problem der Verfassung der freiheitssichernden Demokratie, ein politisches Problem …**

Freiheit ist die Unabhängigkeit von eines anderen nötigender Willkür (10). Dies ist das ›einzige, ursprüngliche, jedem Menschen kraft seiner Menschheit zustehende Recht‹ (11). Dies ist das einzige Recht, das jeder Machtlose hat. Die Freiheit der Person ist unverletzlich.

Es ist kein Zufall, dass die angeborene Freiheit jedem Menschen zugesprochen wird, gleichgültig, ob er auch Untertan oder Bürger ist (12). Das Recht auf Freiheit jedes Menschen ist unabhängig von einer Positivierung, von nationalen Grenzen und von Verfassungsformen … Die Freiheit des Menschen ist »unverlierbar« (14), unverlierbar in einer Diktatur, in einer Monarchie, in einer Demokratie, in einer Republik, in einer terrorisierten Region, in einer geleiteten oder in einer freien Wirtschaftsorganisation. Für die Freiheit des Menschen macht es keinen Unterschied, ob die Freiheit von einem Polizeibeamten, einem Finanzminister, dem Leiter einer Bankenorganisation oder einem Selbstmordattentäter zerstört wird.

Straftat ist die zurechenbare Überwältigung der persönlichen Freiheit. Eine Wirtschaftsstraftat ist jene Straftat, die mithilfe einer Wirtschaftsorganisation Freiheit zerstört. Politisch ist eine Wirtschaftsstraftat, die als staatlich geförderte oder staatlich unkontrollierbare Macht auftritt und durch ihre Stärke Freiheit überwältigen kann … Um es zu bekräftigen: **politische Wirtschaftsstraftat ist jene Wirtschaftsstraftat, die zerstörend auf die persönliche Freiheit und auf die freiheitsschützenden rechtlichen Institutionen wirkt …**

Diese Auffassung vom Strafrecht will erreichen, dass die Überwältigung

der Freiheit des Einzelnen strafwürdiges Unrecht genannt wird, gleichgültig, wer der Täter ist … Diese Auffassung besteht … darauf, dass in einem
durchorganisierten Wirtschafts- und Finanzsystem bei bestimmten Entscheidungen Recht oder Unrecht bei diesen Entscheidungen erfasst werden
kann … **Unterstützung sucht die Annäherung an den Begriff der politischen Wirtschaftsstraftat bei der modernen Entwicklung des Begriffs
der Staatskriminalität** …

Diese Erörterungen kennen die Begriffe des der wirtschaftlichen ›Über-
macht Ausgesetzten‹, den ›Staatsbürger‹, der der »›Etablierung des Rechtes
des Stärkeren, eines kommerziellen Faustrechts‹ im Wirtschaftssystem nicht
entgehen kann (19). In diesen Erörterungen wird formuliert, **wirtschaftliche Macht ›gefährdet die Freiheit anderer Menschen‹**, ›das Problem der
wirtschaftlichen Macht ist die andere Seite des Problems der Freiheit in der
modernen industrialisierten Wirtschaft‹ (20).«

Prof. Dr. Wolfgang Naucke hat am 18.10.2015 selbst auf Grund meiner
ihm von mir zugegangenen Ausführungen von »anspruchsvollem Thema«
gesprochen und mitgeteilt: »Alle Texte habe ich mit anhaltender Aufmerk-
samkeit und mit Respekt gelesen. Ihrer Initiative wünsche ich viel Erfolg.
Über Informationen zur Entwicklung der Debatte über GMF würde ich
mich freuen.«

Auch an dieser Stelle nochmals ganz herzlichen Dank für die freundliche
und motivierende Antwort!

Eine überaus deutliche Stellungnahme aus der Stuttgarter Zeitung vom
12.11.2015, Seite 29, brandaktuell zur enormen Ausweitung angesprochener
Thematik lautet**:** M. Schiermeyer**: »Betrug made in Germany«** zu Abgasaffäre und Fußballkorruption: »Haben die Deutschen … einen besonderen
Hang zur Wirtschaftskriminalität?« »Gemeint ist die enge Verbindung insbesondere der Automobil-, Energie- und Pharmaindustrie zur Politik, die
Behörden latent in Abhängigkeiten bringt.« »Mit anderen Worten: Deutschland bietet Tricksern und Täuschern einen reichhaltigen Nährboden. Wir
haben uns nur allzu sehr daran gewöhnt.«

**– HIER kommt längst überfällig auf, daß auch die Bundesrepublik
einer wirklich wirksamen und vom Bürger nachvollziehbaren Einrich-**

tung einer strafrechtlichen Verfolgung von Fehlverhalten in Politik und Wirtschaft bedarf!

Interessant ist es, daß diese politische Forderung letztlich auch aus jüdischer Tradition offiziell in aller Deutlichkeit erhoben werden kann:

Aus Anlaß eines Synagogenbesuchs mit unserem jüdischen Freund und Bruder Jan Jakubowski hat Jan uns um 2006 aus »GEBETE NACH DER THORALESUNG Morgengebet für Schabbat, Seite 108/109«, ein **GEBET FÜR INTERNATIONALE VERSTÄNDIGUNG** zukommen lassen. Dieses offizielle Gebetbuch liegt in Stuttgart in der Synagoge aus.

In ihm ist eigentlich zeitlos alles ausgesagt, was uns auch heute bewegt:

»Gott, Quelle des Friedens, sei mit denjenigen, die die Geschicke der Welt lenken, damit **Stolz und Prahlerei ein Ende nehmen und die Herrschaft der Arroganz aus unserer Zeit verschwindet.**

Gib ihnen den Mut, die Wahrheit zu sagen, und die Demut, anderen zuhören zu können. Hilf uns allen, dass uns **das Wohl unserer Mitmenschen wichtiger ist als unsere eigenen ehrgeizigen Ziele.** Hilf uns, dass uns mehr an der Wahrheit liegt, auch wenn sie uns schadet, als an einer Lüge, die uns nützt. Dadurch können wir aufrecht stehen, frei und unbelastet von Furcht und Verdächtigungen und bereit, einander zu vertrauen.

Hilf jedem und jeder von uns, den eigenen Beitrag zur Verständigung und das eigene Opfer für den Frieden zu geben, damit wir in Frieden mit uns selbst und in Frieden mit unseren Mitmenschen leben. **Dann können wir in Gelassenheit beginnen, dein Reich in dieser Welt zu bauen**, bis die Erde erfüllt ist von der Erkenntnis Gottes, wie das Meer mit Wasser gefüllt ist.«

Einer **Umfrage** der Antidiskriminierungsstelle des Bundes (!) **Diskriminierung in D 2015** habe ich im November 2015 wunschgemäß ein zweiseitiges Papier: Persönlich empfundene Diskriminierung, beigefügt. Es umfaßte stichpunktartig folgende Punkte und Überschriften:

1738 Justizskandal Josef Süßkind-Oppenheimer in Stuttgart
1984/1985 Verteufelung der IPPNW als kommunistisch

1996 – 1998 und bis heute »Christlicher« Untertanengeist und Verdammung Andersgläubiger (Confessio Augustana)

2002 – 2010 und bis heute Lug und Trug durch »System Stuttgart 21«

2010/15 Niedrigzinspolitik als gröbste Enteignung innerhalb der EU

2015 Troikaeinfluß der EZB auf Griechenland

2015»Der Tod kommt aus Deutschland« (Heckler & Koch, Oberndorf/Wttbg.)

2015 Folgekosten der Atomkraft ... [zu] enge Verflechtung von Staat und Atomindustrie: RWE und Eon haben nach WDR-Recherchen 2000-2015 44 Milliarden Dividenden an ihre Eigentümer ausgezahlt!

2015 »Formen nationalstaatlicher Diskriminierung soziokultureller Minderheiten« in schulischer Erziehung (A. Scherr 2015, PH Freiburg)

2015 A. Mbembe, Kamerun: »Neger« von heute: Flüchtlinge, Migranten, Geringqualifizierte ... prekär Beschäftigte, hinzuzufügen: Auch Kinder und Frauen!

2015 Migrationscharta Bern /Schweiz, 24.5.2015 www.migrationscharta.ch

2016 dpa-Meldung, vom 18.1.2016, »62 Personen besitzen ... 50% des weltweiten Vermögens

2012 Naucke, Wolfgang: Der Begriff der politischen Wirtschaftsstraftat – Eine Annäherung, LIT Berlin 2012 – ein beeindruckendes Plädoyer gegen Menschenfeindlichkeit

2015 Stuttgarter Zeitung 12.11.15, »Betrug made in Germany« zu Abgasaffäre und Fußballkorruption: »Wirtschaftskriminalität ... Gemeint ist die enge Verbindung insbesondere der Automobil-, Energie- und Pharmaindustrie zur Politik« und Behörden.

Zur Anregung und Weiterführung 2023

Die vorgelegten Beiträge von fast allen Weltreligionen und vielfach lokal und weltweit bedeutsamen Initiativen bieten eine enorme Übereinstimmung und ein geradezu weltbewegendes Potential im Sinne von »wertvollen Elementen« von Konvivialismus. So kann die Welt zum Guten verändert werden, **»statt einander niederzumetzeln besser Zusammenleben« UND erfolgreiche gewaltfreie Überwindung des neoliberalen Kapitalismus!** Wir alle müssen uns bemühen, sich dafür einzusetzen.

Der erfolgreiche Einsatz für eine bessere Welt wird nach persönlichen Erfahrungen und Blick in die Geschichte lange Zeit in Anspruch nehmen. Vermutlich wird er Generationen dauern. Auch wenn das »Paradies auf Erden« nicht zu erwarten ist, lassen wir uns nicht verdrießen. Mit bleibender Zuversicht und Hoffnung können wir den Stab weitergeben, denn Gott kann »aus allem, auch aus dem Bösesten, Gutes entstehen lassen … Dafür braucht er Menschen, die sich alle Dinge zum Besten dienen lassen.« (**Dietrich Bonhoeffer** 1942/1943) Das ist unser Anliegen.

So können wir nicht weiterleben! Fridays for Future zeigt uns, daß dies offensichtlich als weltweites Gemeingut angesehen werden kann. In zunehmender Dunkelheit erleben wir eine »kollektive Erschöpfung« durch überfordernden sogenannten industriellen Fortschritt, letztlich durch einen ausartenden neoliberalen Kapitalismus. Dabei liegt in dieser erschreckend zunehmenden quasi Kulturindustrie mit potentiell diabolischen und vielfach unwissenschaftlichen algorithmischen Manipulationen eine bedrohliche **exponentielle Schädigung aller Lebensbereiche** vor, wie es z.B. an den unvorstellbaren und exorbitanten »Gewinnen« und Gehältern zu erkennen ist.

Der Ruf nach einer **Neuen Aufklärung**, nach echter Umkehr und Transformation, wird immer drängender, nach einem wirklichen Perspektivwechsel und keiner parteigebundenen »grünen« Scheinlösung! Gegen menschenunwürdige Ungleichheiten muß blühende Vielfalt gestaltet werden. Dabei müssen durch »Denken in gegensätzlichen Positionen« auch eigene kognitive Verzerrungen überwunden werden.

Zuallererst steht für uns selbst persönlich und zeitlebens die Suche nach selbstvergewissender, nachhaltiger und tiefgründiger Lebensweisheit in Gedanken, Worten und Taten im Vordergrund. Dabei ist erstrebenswert, 1-2 persönliche freundschaftliche Bundesgenossen zu suchen und zu finden, mit denen gemeinsam unsere Pilgerreise gegangen werden kann.

Gesamtgesellschaftlich sollten wir mehr Interesse zeigen, an Veranstaltungen und Demonstrationen teilnehmen und auf Themen reagieren, die wertvoll sein können. Zuhören, Verständnis entwickeln, Unterstützen, uns gemeinschafts- und religionsverbindend Solidarisieren und Handeln ist nötig, auch wenn einzelne Fakten nur grenzwertig zu akzeptieren sind. Im Einzelfall ist es eine ganz persönliche Gewissensentscheidung, wenn bei einer Solidarisierung oder Zusammenarbeit auch Fakten vorliegen, die eine Gemeinsamkeit absolut ausschließen. Eine niedermetzelnde Diffamierung darf diesbezüglich trotzdem keinesfalls erfolgen.

Gefragt ist eine »Vernetzung vieler zivilgesellschaftlicher Organisationen« durch Gedankenaustausch und konvivialistische Zusammenarbeit, eine »globale Zivilgesellschaft« als Gegenstück zur kapitalistischen Globalisierung.

Gefragt ist, uns in Verantwortung und Mut für das Überleben der Menschheit und der uns anvertrauten Erde in kleinen und großen Schritten einzusetzen.

Dabei müssen Zeichen gegen verschiedentlich verständliche Trägheit (Tschechow), Gleichgültigkeit und Vertrauensverlust gesetzt werden. Auch ist z.B. ernsthaft zu überprüfen die Installation eines geeigneten »Gesellschaftsrates« mit gewisser Entscheidungsbefugnis im Sinne einer direkten bürgerschaftlichen Demokratie und die Anregung, in größerem öffentlichen Rahmen »internationale Wertewettbewerbe« umzusetzen. Dies hätte z.B. in christlicher Freiheit und Offenheit Anliegen und Verwirklichung in alter Kirchentagstradition sein können!

Exemplarische Übersicht von Bedenkenträgerei

zu »Konvivialistisches Manifest« (Adloff - Leggewie 2014) in Kurzform (Börngen 2020). Erfahrungen vor Ort – mühsame Wege.

Die »Diskussion« ist eröffnet – Was können wir daraus lernen?

Zur **Power-Point-Dokumentation beim Regionaltreffen BRSD-Südwest 2020** in Stuttgart, Dr. Ulrich Börngen, Stuttgart: Thema: »Menschentum mißachtender Kapitalismus« (1932) – Folgen und Widerstand:
[Vorschlag] Antrag **beim Mitgliedertreffen des BRSD-Südwest 2020**
Zur Vorlage beim BRSD Deutschland über Bundessekretär ...
(Bund der Religiösen Sozialistinnen und Sozialisten Deutschlands)
Auf dem Mitgliedertreffen des BRSD-Südwest in Stuttgart am 26.10.2020 wurde einstimmig beschlossen, der BRSD möge sich mit der bedeutenden europäisch-globalen Initiative von französischen WissenschaftlernInnen und Intellektuellen www.lesconvivialistes.fr **im Sinne einer Zusammenfassung dieser Bewegung** (Börngen, BoD 2020, S. 306) **solidarisieren und diese Bewegung in Deutschland und weltweit unterstützen.**

»Weil Verschiedene meine ANHÄNGE nicht gelesen hatten, konnten wir leider meinen Antrag bezüglich Konvivialismus-Unterstützung nicht beschließen. Dies soll jetzt in den nächsten Tagen noch durch eine persönliche Stellungsname bzw. Unterstützungserklärung möglich gemacht werden!«

Und eine andere Erinnerung: »Leider konnte [der Antrag] nicht unmittelbar abgestimmt werden, da ein Teilnehmer bei der Einladung die entsprechende Vorlage des betreffenden Bezugstextes nicht gelesen hatte.«

Später: Ich beuge mich der Mehrheitsentscheidung zu der Zusammenfassung des konvivialistischen Manifestes, gleichwohl ich einige Probleme mit dem Text habe. Zwei Punkte:

1) In der Zeit einer wachsenden Demokratieverdrossenheit halte ich einen Satz wie: »Das wachsende Unvermögen der Parteien und der politischen Institutionen, sich den Problemen unserer Zeit zu stellen ... erklärt sich aus der Unfähigkeit, das demokratische Ideal neu zu definieren« für sehr problematisch ...

2) Als religiöser, christlicher Sozialist habe ich Probleme mit »Es geht darum, einen neuen, radikalisierten und erweiterten Humanismus zu erfinden, und das bedeutet die Entwicklung neuer Formen der Menschlichkeit.« Der moderne Humanismus tritt mit einer zum Teil besorgniserregenden Religionsfeindlichkeit auf, die oft an einen Feldzug erinnert und nicht an einer wirklichen Auseinandersetzung mit den Problemen der Kirchen interessiert ist, sondern nur an einer Beseitigung derselben, ohne eine wirkliche Alternative aufzuzeigen. Wenn wir uns dagegen an unsere christlichen Grundwerte halten, bedarf es keiner neuen Formen sondern nur an eine strikte Einhaltung der alten und deren Übersetzung ins digitale Zeitalter«.

Zu 2-5 aufgeführte »problematische Punkte« konnte ausführlich geantwortet werden.

Auf jeden Fall wurde letztlich die Resolution in schriftlicher Form coronagemäß bestätigt.

Die erfahrbaren Abläufe können bemerkenswerterweise als Lehrstück für wenig überzeugende Argumentationen und Fragwürdigkeiten dienen.

Bemühungen um Gehör bei einer bedeutenden zivilgesellschaftlichen NGO im Südwesten

Am 23.7.2021 konnte der führenden Persönlichkeit und am 19.8.2021 einer wertvollen Mitarbeiterin zusammen mit dem Vorstand »zur freien Verfügung eine Textseite zukommen über **Konvivialismus**«. »Es wäre großartig, wenn sich die Steuerungsgruppe … mit diesem Text solidarisieren und auch eine weitere Verbreitung unterstützen würde … [auch] unser Vorstand den Inhalt meiner persönlichen Zusammenfassung schon mal vorab offiziell unterstützen könnte.«

30.8.2021 Einladung zur nächsten Steuerungsgruppe am 2.9.2021

Tagesordnung

»1. Impulsreferat Ulrich Börngen referiert über das »Konvivialistische Manifest« … Zusammenfassung wird im Anhang verschickt …

Protokoll Steuerungsgruppe, 2.9.2021 2. Impulsreferat Ulrich Börngen

Diskussion

- Manfred: Fragt nach der Rezeption in Deutschland? Der letzte Eintrag auf konvivialisten.de war im Jahr 2016.

- Ulrich: Das Manifest ist im deutschsprachigen Raum nie wirklich aufgegriffen worden.
- Peter: Unterzeichnung wäre kein Problem. Die Schwierigkeit ist, den Text in die Diskussion zu bringen, da er eventuell überfordernd ist.
- Kann in Zusammenfassung verbreitet werden.
- Ulrich würde Unterstützung der Anstifter nach Paris weitergeben.
- Annette: Findet das Manifest sehr sympathisch. Betonung des »Zusammen«. Die Breite ist aber auch das Problem. Wichtige Stellungnahme für Wahrnehmung der Interessen aller.
- Klaus: Beklagt Schwammigkeit des Begriffs Würde. Stephan Lessenich ökonomische Grundlage wird nicht widergespiegelt. Widerspruch zwischen Lohnarbeit und Kapital wird nicht griffig. »Wachstumswahn« ist kein richtiger Begriff, da Wachstum dem Kapitalismus immanent ist.
- Annette: Das Manifest ist ein Vorschlag für ein Miteinander. Schwammigkeit als Chance.
- Peter: Neue Diskussionsgrundlage. Regt zur Debatte an.
- Benni: Hätte Bauchschmerzen damit, ein Manifest zu unterzeichnen, das er nicht gelesen hat.
- Beschluss → Manifest lesen und auf Website zur Diskussion stellen …

26.9.2021 … für unser Treffen am 7. Oktober 2021 schlage ich folgenden TOP vor: **Kapitalismus-Nachschlag zu 2.9. …**
Ich würde gerne mit 2-3 Punkten kurz Stellung nehmen und nachfolgende Presseerklärung empfehlen und zur Abstimmung bringen:
[Potentielle] **Presseerklärung … 7.10.2021**
Die Steuerungsgruppe (mit dem Vorstand) … hat sich in einer umfänglichen und intensiven Diskussion mit zentralen Inhalten des »Konvivialistischen Manifest« von 2013, frei nach dem konvivialistischen Motto, »einander zu wiedersprechen«, befaßt. Zugrunde gelegt wurde eine persönliche Zusammenfassung (Börngen 2020) der Publikation von Frank Adloff und Claus Leggewie (Bielefeld 2014). Beide Autoren haben 2020 die Zusammenfassung, eine Seite, stark befürwortend legitimiert. Wir unterstützen wesentliche Aussagen »für eine neue Kunst des Zusammenlebens« und wollen uns für die Thematik auch weiterhin einsetzen. Gerne kann als Ansprechpartner Dr. Ulrich Börngen, ulboe.stgt@web.de , zur Verfügung stehen. … Oktober 2021 …

Protokoll: Steuerungsgruppe 7.10.21 7. Konvivialistisches Manifest
• Zusammenfassung von Ulrich Börngen auf die Website stellen. Die beantragte befürwortende PM wird zurückgestellt bis ein größerer Anlass gegeben ist und damit eher eine Resonanz erreicht werden kann.
• Ulrich Börngen versucht, Frank Adloff … für den zweiten Jour Fixe zum Thema konvivialistisches Manifest zu gewinnen. Dann soll die PM herausgegeben werden.«

27.11.2021 Da mein Hauptanliegen derzeit bei uns kaum zu verwirklichen ist, also insgesamt eine öffentlich wirksame Solidarisierung mit wesentlichen Inhalten des Konvivialistischen Manifestes, gebe ich hiermit meine Mandatisierung zurück.

12.9.2021 Schreiben von **Partnerschaft für Demokratie Stuttgart, Stadtjugendring Stuttgart und Abteilung Integrationspolitik Stuttgart** …
Antwort: … Als nach wie vor starker Demokratieverfechter … siehe z.B. 11.1.2018, bedanke ich mich für diese Aussendung.
Mir hat erneut und unverändert gefallen, daß wir »von der aktiven Beteiligung«, zur »Förderung und Stärkung einer lebendigen, vielfältigen und offenen Demokratie« leben wollen und aufrufen zu »Dialog und Austausch sowie eine Auseinandersetzung mit Werten und Haltungen«.
… Ich möchte Sie deshalb mit meinem derzeitigen Hauptanliegen konfrontieren. Ich bin gerne bereit, mal wieder bei Ihnen über ein auch wichtiges demokratieerweiterndes Thema per Power-Point zu referieren, etwa 30 Minuten, und dann mit ausgiebiger Diskussion:
Thema: **»Das Konvivialistische Manifest«** – **eine Aufgabe für uns alle.**
Im ANHANG füge ich eine lesbare einseitige Zusammenfassung bei, die von beiden Autoren 2020 legitimiert wurde, »sehr richtig und wichtig«, »Ihre Zusammenfassung der Konvivialismus-Thesen erfasst deren Ansatz und Absichten sehr gut«. Es wäre ein Gewinn, wenn wir uns ernsthaft mit dieser Thematik frei nach dem konvivialistischen Motto, auch »einander zu widersprechen«, befassen und **uns mit dieser Zusammenfassung international solidarisieren könnten**, zur schrittweisen Weiterentwicklung des »demokratischen Ideals«… Ulrich Börngen

25.11.2021 Partnerschaft für Demokratie Stuttgart, Stadtjugendring Stuttgart und Abteilung Integrationspolitik Stuttgart … ich bedanke mich für den wieder interessanten letzten Newsletter, November 2021.

Unter Bezugnahme auf mein letztes Schreiben unten vom 12.9.21 ist mir aufgefallen, daß leider über unsere aktuelle konvivialistische Initiative bezüglich

»Das Konvivialistische Manifest« – eine Aufgabe für uns alle, nichts erwähnt wurde. Das hat mich schon etwas irritiert und verwundert. Oder habe ich etwas, früher, übersehen? Leider habe ich auch nicht bemerkt, ob Euch mein Schreiben überhaupt erreicht hat!? Ich wiederhole gerne:

»Es wäre ein Gewinn, wenn wir uns ernsthaft mit dieser Thematik frei nach dem konvivialistischen Motto, auch »einander zu wiedersprechen«, befassen und uns mit dieser Zusammenfassung **international solidarisieren könnten, zur schrittweisen Weiterentwicklung des ›demokratischen Ideals‹«** , also eine gang zentrale und äußerst wichtige Aufgabe auch im Rahmen der Partnerschaft für Demokratie Stuttgart! … Ulrich Börngen

Bis heute hat sich keine Antwort eingestellt!

Im **Juni 2022** wurde einer **kleineren liberal-christlichen Bewegung** ein Power-Point-Vortrag vorgeschlagen mit dem Thema »Kapitalismuskritik auch durch ›Konvivialismus‹ ».

Dies schien »sehr interessant«, aber »Kapitalismuskritik ist auch eher eine politische Formulierung – wir befürchten daher, daß dies für unseren Kreis nicht besonders attraktiv (bis schlimmstenfalls abschreckend) wirken wird.« Wir haben uns dann rasch »neutraler« auf »Konvivialismus, ein Modell gegen soziale Ungerechtigkeit« geeinigt.

Resolution IPPNW RegioContactSüd 2023

Auf dem traditionellen Treffen der **IPPNW RegioContactSüd** am 21.1.**2023** haben wir im Rahmen einer Power-Point-Präsentation ausführlich über eine legitimierte Kurzfassung des »Konvivialismus« gesprochen. Eine vorgeschlagene Resolution/Presseerklärung lautete:

»Uns hat insbesondere fasziniert: ›**Absolute Priorität hat die Senkung des CO_2-Ausstoßes und die Nutzung der erneuerbaren Energien anstelle der Kernkraft und der fossilen Energien‹.**

Als Ärztinnen und Ärzte ›in sozialer Verantwortung‹ beklagen wir die auch im Gesundheitswesen erschreckend zugenommene und virulente Aussage: ›**Seit Anfang der 1980er Jahre setzt sich … im Bereich der Wissenschaft … eine rein ökonomische Sicht der gesellschaftlichen und sogar der natürlichen Welt durch. Seitdem ist … der Zerstörung aller sozialen und politischen Regulierungen zugunsten der alleinigen kommerziellen Regulierungen Tür und Tor geöffnet‹.**

Wir solidarisieren uns und unterstützen wesentliche Aussagen ›für eine neue Kunst des Zusammenlebens‹.«

Trotz einer ausreichenden Vorinformation und bei einer ausgesprochen plakativen Diskussion wurde interessanterweise diese Resolution nicht abgestimmt und verschoben!? Ausgerechnet von »meiner« IPPNW, die freilich offensichtlich vielfach nicht mehr in Stuttgarter Tradition lebt.

Selbst eine so IPPNW-spezifisch zugeschnittene Resolution konnte sich nicht durchsetzen:

Einzige Argumente: »Das klingt ja alles nach Karl Marx« und »Ich kann nicht zustimmen, da ich den Text nicht kenne und nicht durchgelesen habe – was ich zu entschuldigen bitte« Eine daraufhin durchgeführte Befragung, ob abgestimmt werden soll, wurde mehrheitlich abgelehnt. Verschiebung auf nächstes Treffen in einem Jahr!

Dies erfolgte, obwohl im Vorfeld festgestellt wurde, daß die »Resolution kurz und klar« sei und unterstützt wird, »weil dieser Ansatz in eine interessante und wichtige Debatte führt.«

19.1.2023 »Ich würde das gern unterschreiben, kriege es aber nicht hin, weil ich so schlecht sehe, ich versuche gleich einen meiner Enkel zu erreichen vielleicht kann er mir helfen« – und später: »**ich finde den Text gut**«

IPPNW-Altseniorin **Dr. med. Johanna Grieger, Stuttgart, (*1923!)**

Nach einem Vortrag von Cornel West auf einem »Philosophengipfel« 2009 in New York äußert Jürgen Habermas zu sozialen und politischen Fragen: »jeglicher akademischer Diskurs [ist] albern … [denn man sollte] **sofort auf die Straße gehen**«. (Börngen 2020, Seite 254).

Für »auf die Straße gehen« ist die Zeit offensichtlich (noch) nicht reif, wurde nie geäußert!

Argumentationsmöglichkeiten, die in die Diskussion eingebracht werden können:

Aus einer »**Berliner Erklärung von Christen aus beiden deutschen Staaten« vom 19.2.1990**, epd-Dokumentation Nr. 35, laut einer Kurzfassung (auch Börngen 2020, Seite 305):
> **»Wir müssen der irreführenden Alternative von Kapitalismus und Sozialismus widerstehen, die das deutsch-deutsche Gespräch immer stärker beherrscht. Im konziliaren Prozeß für Gerechtigkeit, Frieden und Bewahrung der Schöpfung ist unübersehbar geworden, daß beide Systeme nicht in der Lage waren, die Frage des Überlebens der Menschheit und der Erde zu beantworten. Die Kirchen haben den biblischen Auftrag, Anwalt der geopferten Menschen und Mitgeschöpfe zu sein. Das Aufbrechen der verkrusteten deutschen Situation eröffnet unseren Kirchen und unseren Gesellschaften die Chance zu einer gemeinsamen Umkehr.«**

Diese »Berliner Erklärung« wurde abgegeben von weit über Deutschland hinaus bekannten und engagierten Christen aus einem »ökumenischen Initiativkreis«

Ulrich Duchrow, Heidelberg, Heino Falcke, Erfurt

Joachim Garstecki, Berlin, Konrad Raiser, Witten

Der prominente emeritierte Professor für Praktische Theologie und überzeugende Reformtheologe **Klaus-Peter Jörns**, www.glaubensreform.de , führt am 19.11.**2004** (Publik-Forum, S. 26) aus:
> «In Kenntnis unserer gemeinsamen Geschichte können wir **mit anderen Religionen selbstkritisch darüber nachdenken, was sich als lebensdienlich oder lebensfeindlich erwiesen hat.** Da geht es um das Lebensverständnis, aber auch um eine neue Verantwortung: **Was dient dem Frieden und hat die Verständigung unter den Menschen vorangebracht?** Was hat das Zeugnis von der Liebe Gottes gefördert, und **wo waren demgegenüber Machtinteressen der Religionen und der Gott instrumentalisie-**

renden Politik vorherrschend? Das sind Fragen, bei deren Beantwortung sich in der Geschichte aller Religionen dunkle Flecken zeigen. Aufgabe der Theologie ist es, sie aufzuarbeiten und die Gründe dafür zu benennen.«

Dies ist freilich nicht nur die Aufgabe der Politik, sondern, besonders zunehmend in unserer krisengeschüttelten und weltzerstörenden Zeit auch die Aufgabe eines jeden verantwortlichen Menschen.

Jörg Zink bringt **2008** unsere Aufgabe zu einer überfälligen Umkehr und Transformation auf den Punkt: »**Bundesgenossenschaft suchen mit den Religionen der Welt** [Evangelische Aspekte, 15.2.**2008**, Seite 39] ... Zusammenarbeit tut Not ... **Bescheidenheit in Allianzen** ... [und] **Wir bedürfen** ... **der weltweiten Bundesgenossenschaft unter all denen, die noch oder schon bereit sind, sich für den Frieden einzusetzen**«.

Konkret hat **Frank Adloff 2014** als Mitherausgeber des Konvivialistischen Manifest selbst gefordert (Seite 13):

»**Das Manifest kann also insgesamt als Aufforderung verstanden werden, sich an der Suche nach** »**realen Utopien**« ... **zu beteiligen** ... **Alle sind aufgerufen, sich kreativ zu beteiligen, ihre Empörung einzubringen und diejenigen zu beschämen, die die Möglichkeit eines konvivialen Zusammenlebens aufs Spiel setzen.**«

»**Wir müssen das System verändern**«, so **Ernst Ulrich von Weizsäcker**, einer der Präsidenten des Club of Rom, laut Stuttgarter Zeitung vom 9.4.**2018**, Seite 4:

»In den vergangenen Jahrzehnten haben wir ... eine dramatische Verschlechterung der Ökologie ... ist der Klimawandel ein globales Problem, die Böden degradieren überall und die Artenvielfalt sinkt und sinkt.« »Da muss die Wirtschaft verändert werden. Und **eine Wirtschaft, die auf gnadenlosem Wettbewerb, ständigem Wachstum und kurzfristigem Denken beruht, ist nicht reformierbar.**«

»Wir brauchen ... eine Balance zwischen Markt und Staat, zwischen kurzfristigem und langfristigem Denken, zwischen Mensch und Natur, zwischen Geschwindigkeit und Stabilität, zwischen Leistungsanreizen und Gerechtigkeit. Letzteres ist ein alter Streit zwischen Linken und Rechten, aber es haben beide Seiten recht.«

Möglicher Paradigmenwechsel im deutschen Katholizismus mit glasklarer Benennung von Ursachen:

Münchner Kardinal Reinhard Marx, erfreulicherweise sogar in ökumenischer Gemeinschaft zusammen mit dem evangelischen Landesbischof und EKD-Vorsitzenden Heinrich Bedford-Strom in München.

Marx, zitiert von Paul Kreiner – Stuttgarter Zeitung, 3.1.**2020**, machen 2019 zunehmend Sorge:

»die Folgen der Klimaerwärmung, eine wachsende Ungleichheit in der Bevölkerung, die schrumpfende Möglichkeit für viele Menschen, Vermögen zu bilden, eine bezahlbare Wohnung und überhaupt, in dieser Gesellschaft ihren Teil zu finden«. »Die sozialen, ökologischen und politischen Folgen eines ungebremsten Kapitalismus kommen jetzt auf die Tagesordnung.«

Und: »die Dramatik haben wir bisher unterschätzt.« !?

Leserbrief zu »**Einsatz für die Schöpfung – Zwischen Streuobstwiesen und Klimaprotesten**« von »Christians for Futures« in »Glaube + Heimat«, Mitteldeutsche Kirchenzeitung 2.10.**2022**, S. 3. Abgedruckt 30.10.2022, S. 11:

»Ich bin begeistert über diese ›Jugend‹-Initiative. Auch darüber, daß alles redaktionell so ausführlich und plausibel dargestellt wurde. Vielen Dank! Nachahmenswert und entscheidend ist der zweifache Appell an Politik und Religionsvertreter. Überfällig sind politische strukturelle Veränderungen im Sinne von ›**Konvivialismus**‹ und sozialer Gerechtigkeit, Klimaschutz und konziliaren Prozeß. Nur das hat Zukunft. Wir Älteren sind dankbar und voller Hoffnung, daß dieser Jugend unser letztlich jahrzehntelanges vergebliches Bemühen erfolgreicher gelingt. Alles ist überzeugend biblisch begründet und wird in ökumenischer und religionsverbindender Allianz und gemeinsam mit allen Menschen ›guten Willens‹ gesegnet und erfolgreich sein. Wir müssen Fridays & Christians for Future unterstützen.« Ulrich Börngen Stuttgart

Eintreten für »wertvolle Elemente« des Konvivialismus
Eintreten für Weltethos, Sansaeng und Ubuntu
Eintreten für gefühlte und echte Gleichwertigkeit.

Eintreten für konziliaren Prozeß
Eintreten für Ökumene der Weltreligionen
Eintreten für Unterwegssein und Transformation
Eintreten für agapische Nächstenliebe

So wollen wir einen kleinen Beitrag zur Empörung und **für ein konviviales Zusammenleben statt »einander niederzumetzeln«** leisten.

Stuttgart, Februar 2023 Ulrich Börngen